KB270016

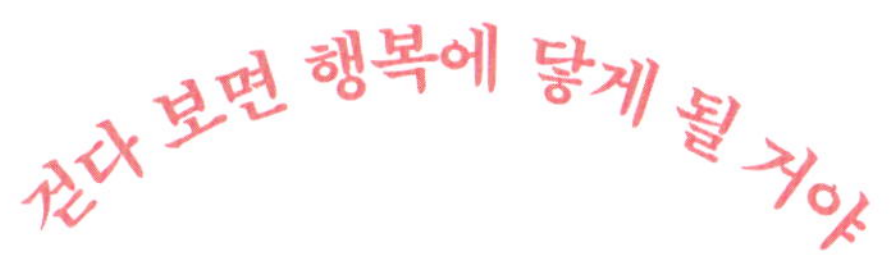

If we walk far enough,
we shall sometime come to
someplace.

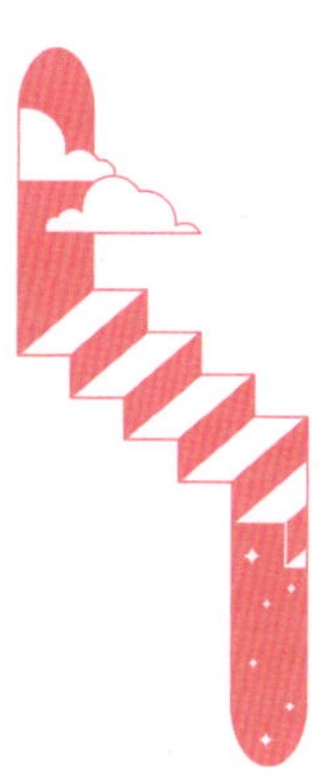

조이스 박
지음

영어 필사,
마음에 새긴 문학 한 줄

때론 희망으로, 때론 용기로, 때론 지혜로 다가오는 삶의 문장들

로그인

일러두기

· 국내 미출간작은 원제 그대로 수록했습니다.
· 본문 일러스트는 미드저니를 통해 생성했습니다.

걷다 보면
언젠가 행복에 닿게 될 거예요

옛날이야기를 보면 주인공이 여러 가지 고난과 시련을 겪는 모습이 나옵니다. 사자 굴에 들어갔다 살아나온다거나 유리로 된 산을 오르는 것처럼요. 정말이지 겁쟁이도 영웅으로 변모할 것 같은, 아니 꼭 그래야 할 것 같은 고난이에요. 이때 빠지지 않고 등장하는 시험이 하나 있어요. 바로 여러 자루에서 쏟은 곡물을 뿌려놓고 이걸 분류해서 다시 주워 담는 시험이에요. 처음에는 의아했어요. 낟알을 하나하나 골라 쌀과 보리를 구별해 다른 용기에 담는 걸 대체 왜 하는지 이해할 수 없었으니까요. 말이 안 되는 시험이다 보니 "나는 이런 일을 할 사람이 아니"라며 거부하는 인물이 항상 나오지요. 하지만 시험을 거부한 자는 결국 실패하고 말아요. 이 시험은 일상을 견디고 가꾸는 힘을 테스트하는 과정이었기 때문이죠.

저 멀리 있는 목표는 웅대하고 멋지고 화려해 보여요. 목표를 성취한 사람은 눈부시도록 화려한 삶을 살고 있는 것처럼 보이기도 하고요. 하지만 사람들은 자주 잊습니다. 그 화려한 모습에 도달하기까지 수많은 낟알을 세어가며 인내했을 그들의 시간을요. 작고 보잘것없어 보이지만, 곡물의 낟알은 그 하나하나가 생명이 담긴 씨앗입니다. 입에 넣으면 내 안에 들어가 생명을 불어넣어 주기도 하고요. 어쩌면 일상을 견디며 매일을 가꾸는 일은 가장 큰 시험일지도 모릅니다. 아무리 큰 성취도 결국 한 걸음 한 걸음 나아가 이루는 거니까요. 저는 이것이 필사의 힘이라고 생각합니다. 필사는 낟알을 골라 깨끗이 씻어 일어낸 뒤 밥을 지어 사랑하는 사람들에게 먹이고, 자신 또한 맛있게 먹는 일이거든요. 다시 말해 매일을 가꾸는 작업입니다.

필사는 우리말로 해도 좋지만 외국어로 할 때 더 좋습니다. 하나의 언어와 문화를 넘어 다른 세계로 가는 길이 열리니까요. 낟알 같은 필사 하나로 우리는 우리 세계의 경계를 넘어 다른 세계로 가보는 경험을 할 수 있어요. 물론 치열하게 매달려 외국어를 학습할 수도 있어요. 하지만 매일 조금씩 마음에 새겨 영어의 세계에 스며드는 방법도 좋지 않을까요?

✦

이 책《걷다 보면 행복에 닿게 될 거야》의 부제는 '영어 필사, 마음에 새긴 문학 한 줄'이에요. 제목과 부제가 알려주듯 문학 작품을 읽고 또 읽으며 엄선한 문장들을 담았습니다. 뉴베리상, 칼데콧상, 가디언상 수상작들이 주는 감동을 담았습니다. 어린이와 청소년 문학 작품에 주는 상들이라 재미는 물론 문장이 어렵지 않아 이 책과 함께하는 분들에게 행복을 줄 거라 확신하면서요.

바라건대, 하루를 시작하거나 정리하며 낱알을 고르는 분들은 물론 어린이와 청소년 학습자들이 이 책을 통해 문학 작품 읽기와 쓰기에 관심을 갖게 되면 좋겠습니다. 영어 원서 읽기라는 경험을 하지 못한 채 어른이 되어버린 분들에게는 부담 없는 영어 시간이 되기를 바라고요. 걷다 보면 행복에 닿게 될 거라는 말은 한 자씩 쓰다 보면 영어의 세계에 들어가 있을 거라는 말이기도 합니다. 이 책이 하루의 행복을 넘어 영어 원서 읽기로 가는 소중한 디딤돌 역할을 하기를 바랍니다. 부디 행복에 닿으시길요.

조이스 박

서문

Day 1

If we walk far enough, we shall sometime come to someplace.

_*The Wizard of Oz* by L. Frank Baum

멀리 멀리 걷다 보면 언젠가는 어딘가에 닿게 될 거야.

_《오즈의 마법사》, L. 프랭크 바움

Tip

far 멀리 **sometime** 언젠가 **someplace** 어딘가

Sometime과 some time은 달라요. sometime은 '언젠가', some time은 '꽤 오랜 시간', '어느 정도의 시간'의 뜻이에요. some이 '무언가 어느 정도' 혹은 '꽤 있는'이라는 뜻을 가져서 그래요. someplace와 some place도 달라요. someplace는 '어딘가', some place는 '어떤 장소'를 의미한답니다.

/ / /

작품에 대하여

1900년 출간 후 100년이 넘는 시간 동안 전 세계 어린이들의 꿈과 함께해온 판타지 작품이에요. 회오리바람에 휩쓸려 오즈의 나라로 간 도로시와 그 길에서 만난 친구들의 여정을 담고 있지요. 오늘의 문장은 마녀를 물리치고 도로시와 친구들이 마법사의 도시로 돌아가는 길을 찾을 때 도로시가 친구들을 격려하며 하는 말이에요. 어느 길로 가야 할지 모를 때 계속 걷다 보면 어디든 닿을 수 있다는 희망은 매우 중요하니까요.

Day 2

Where you tend a rose, my lad, a thistle cannot grow.

_ *The Secret Garden* by Frances Hodgson Burnett

장미를 가꾼 곳에서 엉겅퀴가 자라지는 않아.

_《비밀의 화원》, 프랜시스 호지슨 버넷

Tip

tend 돌보다, 보살피다 **thistle** 엉겅퀴

'돌보다'라는 뜻의 영어 표현은 tend 외에도 care for, look after가 있어요. 위 문장에서 '장미를 돌보아 키우다'라는 의미로 쓰고 싶으면 care for a rose나 look after a rose라고 쓰면 돼요. 물론 grow를 써서 grow a rose, 즉 그냥 '장미를 키우다'라고 할 수도 있답니다.

/ / /

작품에 대하여

인도에서 태어난 영국 소녀 메리는 부모의 죽음 이후 영국 요크셔의 고모부 댁으로 오게 돼요. 이곳에서 우연히 비밀의 화원의 존재를 알게 되고, 메리는 하녀 마사의 동생 디콘과 함께 화원을 되살리기로 해요. 오늘의 문장은 어머니가 죽고 아버지의 냉담과 방치 속에 살아가던 메리의 사촌 콜린에게 그의 어머니 환영이 나타나 해주는 말이에요. 방치되었던 정원은 상처받고 힘들었던 콜린의 마음 상태이기도 합니다. 이제 메리의 애정으로 자신을 돌볼 줄 알게 된 콜린의 마음은 정원처럼 다시 아름다워질 거예요.

Day 3

If we see cruelty or wrong that we have the power to stop, and do nothing, we make ourselves sharers in the guilt.

_*Black Beauty* by Anna Sewell

우리가 능히 멈출 수 있는 잔인함과 잘못된 일을 보고도 아무런 일도 하지 않는다면 우리도 그 점에 있어서 공범이 된다.

_《블랙 뷰티》, 애나 슈얼

Tip

cruety 잔인함 **wrong** 잘못된, 잘못된 일 **sharer** 공범, 공모자 **guilt** 죄

Do nothing은 '아무것도 하지 않다' 이지만 반대말 do something은 '무언가를 하는 것', '어떤 조치를 취하는 것' 을 말해요. 우리가 do something해야 하는 이슈들에는 어떤 것들이 있는지 한 번 생각해 볼까요?

/ / /

작품에 대하여

영국 작가 애나 슈얼이 1877년에 쓴 작품이에요. 빅토리아 시대에 그저 일상적인 삶의 일부 혹은 부속품이었던 말을 눈여겨보고, 말의 일생을 천천히 따라가며 인간이 말을 어떻게 착취하는지 잘 보여준 명작이지요. 말을 하지 못하는 동물을 인간이 편의와 이익을 위해 사용할 때 동물이 얼마나 불행할 수 있는지 담아냈어요. 물론 이 동화는 블랙 뷰티가 원래의 주인에게 돌아가 행복한 노년을 보내는 것으로 끝나지만 그렇지 못한 수많은 말들이 있다는 점을 우리는 생각해야 해요.

Day 4

There's no great loss without some small gain.

_*Little House on the Prairie* by Laura Ingalls Wilder

아무리 큰 손실이 생겨도 그 안에서 조금이라도 얻는 게 있는 법이야.

_《초원의 집》, 로라 잉걸스 와일더

Tip

loss 손실   **gain** 이익, 이득

"No pain, no gain." 우리에게 익숙한 표현이지요. 맞아요. 고통과 어려움, 고생 없이는 어떤 것도 얻을 수 없어요. 이 말과 오늘의 문장을 마음에 새기면 어떤 고난이 닥쳐와도 마음을 다잡고 힘을 낼 수 있을 거예요.

/ / /

작품에 대하여

《초원의 집》은 로라 잉걸스 와일더가 어린 시절이던 19세기 중후반에 겪은 미국 서부 정착기를 담은 작품이에요. 1932년에 출간되어 1970년대에는 드라마로도 만들어졌지요. 오늘의 문장은 로라의 엄마 잉걸스 부인의 말이에요. 검은 새떼가 몰려와 옥수수 밭을 모두 망치는 일이 벌어졌지만 좌절하지 않고 어려움 속에서도 배우는 게 있다는 뜻으로 이렇게 말해요. 아무리 힘든 일이라도 분명 배우는 게 있을 거라고, 우리도 이렇게 생각해 보기로 해요.

Day 5

Perhaps to be able to learn things quickly isn't everything. To be kind is worth a great deal to other people.

_ *The Little Princess* by Frances Hodgson Burnett

아마도 무언가를 빠르게 배울 수 있는 게 전부는 아닐 거야. 친절한 게 다른 사람들에게는 훨씬 더 중요한 가치가 있으니까.

_《소공녀》, 프랜시스 호지슨 버넷

Tip

learn quickly 빨리 배우다 **worth** 가치 있는 **a great deal** 중요한 일, 거래
be worth N N의 가치가 있다.

빨리 배우는 사람을 a quick learner라고 해요. 반대말은 a slow learner가 되겠지요. 잘 배우는 사람은 a good learner라고 해요. 그럼 이렇게 말할 수 있어요. A quick learner isn't always a good leaner.(빨리 배우는 사람이 언제나 훌륭한 학습자인 건 아니다.)

/ / /

작품에 대하여

인도에서 부유하고 행복하게 살던 사라. 하지만 열한 번째 생일에 닥쳐온 아빠의 죽음과 다이아몬드 광산의 파산으로 사라의 삶은 순식간에 바뀌지요. 하지만 사라는 특유의 매력과 상상력으로 현실을 극복해 나가요. 오늘의 문장은 친구 어먼가드가 공부를 못한다며 고민하자 사라가 해주는 말이에요. 살면서 가장 중요한 것은 공부가 아니에요. 친절한 마음을 갖고 나누는 법을 배우지 못한다면 아무리 공부를 잘해도 의미가 없기 때문이지요. 똑똑한 친구보다 친절한 친구가 더 소중하답니다.

Day 6

It's no use going back to yesterday.

_*Alice's Adventures in Wonderland* by Lewis Carroll

어제로 돌아가봤자 소용없어.

_《이상한 나라의 앨리스》, 루이스 캐롤

Tip

no use ~ing ~해봤자 소용없다 **go back** 돌아가다

Go back to yesterday. 하지만 어제로 돌아가는 일은 불가능해요. 시간을 거슬러 과거로 돌아가는 일은 공상과학 소설 또는 영화에서나 볼 수 있어요. 이렇게 '과거로 돌아가다' 라는 표현은 go back in time으로 쓸 수 있어요.

/ / /

작품에 대하여

어느 날 이상한 토끼를 쫓아 이상한 나라로 들어간 일곱 살 소녀 앨리스. 이 작품은 그렇게 도착한 이상한 나라에서 겪는 다양한 모험을 그리고 있어요. 오늘의 문장은 앨리스가 많은 사건을 겪으면서 하는 말이에요. 사건이 일어나기 전과 비교해서 지금이 많이 달라졌기 때문에 어제로 돌아가는 것은 소용없다고 하는 장면이죠. 여러분도 과거의 나와 현재의 나가 다르다고 생각하나요?

Day 7

Real isn't how you are made. It's a thing that happens to you.

_ *The Velveteen Rabbit* by Margery Williams

'진짜'라는 건 어떻게 만들어졌느냐가 아니야. 그건 네게 일어나는 일이야.

_《벨벳 토끼 인형》, 마저리 윌리엄스

Tip

real 진짜 **be made** 만들어지다 **happen to** ~에게 일어나다

Real은 '가짜가 아닌 진짜'라는 뜻이지만 때로는 진심으로 또는 꾸밈없이 사는 태도도 의미해요. 그래서 real은 인형에게만 중요한 게 아니에요. 가끔 팝송에서도 "Be real!"이라는 말을 해요. "꾸밈없이, 진심으로 살라."라는 뜻이지요.

/ / /

작품에 대하여

벨벳 토끼 인형은 어느 소녀에게 크리스마스 선물로 주어져요. 하지만 소녀의 관심을 끌지 못한 인형은 한참 동안 마룻바닥에서 지내야 했지요. 어느 날 토끼는 장난감이 진짜가 되는 순간에 대해 듣게 되는데……. 오늘의 문장은 진짜 토끼가 되고 싶어 하는 벨벳 토끼 인형에게 스킨 호스가 해주는 말이에요. 시간과 사랑을 통해 진짜가 되는 거라고 말하고 있지요. 태어난 김에 사는 게 아니라 진짜로 산다는 것의 의미를 가르쳐주고 있답니다.

Day 8

A day without a friend is like a pot without a single drop of honey.

_*Winnie-the-Pooh* by A. A. Milne

친구 없이 보낸 하루는 꿀 한 방울도 없는 꿀단지와 같아.

_《위니 더 푸》, 앨런 알렉산더 밀른

Tip

pot 냄비, 단지 **like** ~와 같은 **single** 하나의, 단일한

Drop은 물과 같은 액체가 또렷하게 방울져서 떨어지는 걸 말해요. 이보다 떨어지는 액체의 양이 많아서 물방울 모양이 또렷하게 보이지 않으면 drip이라고 해요. 그래서 원두커피를 내릴 때 받치는 용기를 드리퍼(dripper)라고 하지요. 비가 내릴 때 이 둘을 같이 써서 표현할 수도 있어요. The rain falls drip drop.

/ / /

작품에 대하여

오늘의 주인공 푸(Pooh)는 세계적으로 가장 유명한 곰이에요. 푸와 친구들의 이야기가 동화는 물론 애니메이션으로도 큰 인기를 끌었죠. 오늘의 문장에서 like는 '좋아하다'가 아니라 '~와 같은', '~처럼'이라는 전치사로 쓰였어요. 푸는 꿀을 아주 좋아해요. 친구를 꿀에 빗대어 꿀처럼 친구가 소중하다고 말하고 있어요. 친구가 없는 삶은 상상만 해도 슬퍼요. 친구의 의미와 소중함을 잘 보여주고 있는 오늘의 문장이네요.

Day 9

Isn't it nice to think that tomorrow is a new day with no mistakes in it yet?

_*Anne of Green Gables* by L. M. Montgomery

내일이 아직 아무런 실수도 하지 않은 새로운 날이라고 생각하면 멋지지 않나요?

_《빨강머리 앤》, 루시 모드 몽고메리

Tip

tomorrow 내일 **mistake** 실수 **yet** 아직

《빨강머리 앤》의 원제는 《*Anne of Green Gables*》예요. 《초록 지붕집의 앤》으로 많이 직역하곤 하죠. 게이블(Gable)은 엄밀히 말하면 '박공'으로, 세모나게 올린 지붕에서 작은 집 모양으로 튀어나온 구조물을 가리킵니다.

/ / /

작품에 대하여

어릴 때 자주 불렀던 가사 속 '주근깨 빼빼 마른 빨강머리 앤'이 바로 오늘의 주인공이에요. 남자 아이를 입양하려던 매슈와 마릴라 남매의 실수로 초록 지붕 집으로 오게 된 앤. 반복되는 실수로 처음엔 모두를 힘들게 하지만 특유의 긍정적이고 밝은 성격으로 주변을 웃음으로 바꿔 나갑니다. 오늘의 문장은 앤이 마릴라 아주머니에게 하는 말이에요. 비록 실수투성이지만 아이의 이 엄청난 낙관주의가 삶을 빛나게 만드는 보석 아닐까요?

Day 10

Seeing is believing, but sometimes the most real things are the ones we cannot see.

_ *The Polar Express* by Chris Van Allsburg

봐야 믿을 수 있지만, 때로 가장 진실한 것들은 우리가 볼 수 없는 것들이야.

_《폴라 익스프레스》, 크리스 반 알스버그

Tip

believe 믿다 **sometimes** 때로 **polar** 북극의, 남극의, 극지방의 **express** 특급

Seeing is believing은 '보는 것이 믿는 것이다', 즉 '봐야 믿는다'라는 뜻이에요. 보통 '백문이 불여일견'이라는 한자 표현으로 옮기기도 하지요. 눈이 보이지 않는 것들 things we cannot see는 things invisible이라고도 말할 수 있어요. invisible은 '보이지 않는', '볼 수 없는'이라는 뜻이에요.

/ / /

작품에 대하여

오랫동안 산타클로스를 기다리다 지친 소년. 그런 소년 앞에 어느 크리스마스이브에 아주 커다란 기차가 나타나요. 폴라 익스프레스! 기관장 아저씨는 아이에게 북극으로 함께 떠나겠느냐 묻고, 아이는 친구들과 함께 환상의 여정을 시작하죠. 오늘의 문장은 폴라 익스프레스의 기관장이 소년에게 하는 말입니다. 눈에 보이지 않지만 진짜 중요한 것은 존재한다는 뜻이에요.

Day 11

All grown-ups were once children... but only few of them remember it.

_ *The Little Prince* by Antoine de Saint-Exupery

어른들도 모두 한때 어린이였다. 하지만 그걸 기억하는 어른은 거의 없다.

_《어린 왕자》, 앙투안 드 생텍쥐페리

Tip

grown-up 어른 **once** 한때 **few** 거의 없는 **remember** 기억하다

Few나 nobody로 문장이 시작되면 문장 전체를 부정하는 말이 돼요. Nobody can eat it.(아무도 그걸 먹을 수 없다.)처럼요. few로 시작하는 문장은 '~하는 사람은 거의 없다'의 뜻으로 새기면 쉽습니다. Few can learn to read by themselves.(스스로 읽기를 배우는 사람은 거의 없다.)

/ / /

작품에 대하여

사막에 불시착한 조종사, 그리고 자신의 소행성을 떠나 여행을 하고 있는 어린 왕자. 어린 왕자는 여우, 장미, 술꾼, 사업가 등을 만나 다양한 가르침을 얻습니다. 오늘의 문장은 책의 서문에서 작품의 화자인 조종사가 독자들에게 하는 말이에요. 어린이의 순수함을 간직한 어린 왕자를 만나기 전 어릴 적 순수했던 마음으로 돌아가 책을 읽을 수 있게 준비시켜 주는 말이기도 해요.

Day 12

The moment you doubt whether you can fly, you cease for ever to be able to do it.

_*Peter Pan* by James Matthew Barrie

날 수 있을지 의심하는 순간, 영원히 날 수 없게 되는 거야.

_《피터 팬》, 제임스 매튜 배리

Tip

the moment S+V s가 v하는 순간 **doubt** 의심하다 **whether** ~인지 아닌지
cease 멈추다 **be able to v** v할 수 있다

The moment는 when처럼 쓰였어요. 명사로도 쓰이지만 이렇게 접속사로도 쓰여요. 여기서 can과 be able to는 '할 수 있다'와 비슷한 뜻으로 쓰였어요.

/ / /

작품에 대하여

이렇게 환상적인 스토리가 또 있을까요? 《피터 팬》은 영원히 늙지 않는 소년 피터 팬, 요정 팅커벨, 웬디, 그리고 웬디의 동생들이 네버랜드로 날아가 겪는 모험을 그린 작품이에요. 오늘의 문장은 피터 팬이 네버랜드로 가기 위해 웬디와 동생들에게 요정 가루를 나누어주면서 하는 말로, 날 수 있다고 믿어야만 날 수 있다는 뜻을 담고 있어요. 어른들은 무언가를 잘 믿지 않죠. 하지만 아이들은 쉽게 믿어요. 그래서일까요? 이 말을 믿은 아이들은 곧 하늘을 날 수 있게 돼요.

Day 13

Somewhere inside all of us is the power to change the world.

_*Matilda* by Roald Dahl

우리 모두 내면 어딘가에는 세상을 바꿀 수 있는 힘이 있어요.

_《마틸다》, 로알드 달

Tip

somewhere 어딘가에 **inside** 내면에 **change** 바꾸다 **world** 세계, 세상

Inside something은 '무언가의 내부에'라는 뜻이에요. 눈에 보이지 않지만 우리에게는 내면이 존재해요. 그래서 사람의 마음이나 내면에 대해 말하고 싶을 때는 inside us를 쓸 수 있어요. '내 속에', '나의 내면에'라고 말하고 싶을 때는 inside me를 쓰면 되겠지요? There is a little girl inside me.(내 속에는 어린 여자아이가 있어요.)처럼요.

/ / /

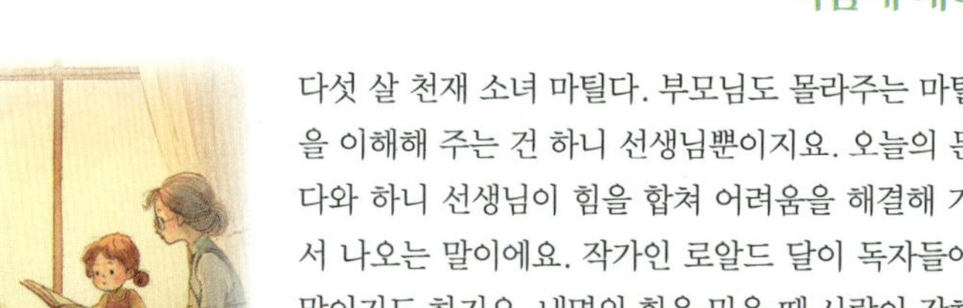

작품에 대하여

다섯 살 천재 소녀 마틸다. 부모님도 몰라주는 마틸타의 마음을 이해해 주는 건 하니 선생님뿐이지요. 오늘의 문장은 마틸다와 하니 선생님이 힘을 합쳐 어려움을 해결해 가는 과정에서 나오는 말이에요. 작가인 로알드 달이 독자들에게 해주는 말이기도 하지요. 내면의 힘을 믿을 때 사람이 강해진다는 사실을 로알드 달은 알았던 것 같아요. 세상을 바꾸고 싶나요? 그러기 위해 내면에 어떤 힘을 키우고 있나요?

Day 14

When you look for the bad, expecting it, you will get it. When you know you will find the good—you will get that.

_*Pollyanna* by Eleanor H. Porter

나쁜 일을 찾고 그걸 기대하면 나쁜 일이 생기게 돼요. 좋은 일을 찾게 될 걸 알면 또 좋은 일이 생기는 거예요.

_《폴리애너》, 엘리너 포터

Tip

look for 찾다 **expect** 기대하다 **get** 얻다

Bad와 good은 각각 '나쁜'과 '좋은'의 뜻을 가진 형용사이지만 앞에 the를 붙여 명사로 쓰기도 해요. 그래서 the bad, the good은 '나쁜 일', '좋은 일'이 되지요. good은 물론 '좋은'의 뜻도 있지만 '선한'의 뜻도 있어서 the good은 '선(善)'이라는 뜻으로도 쓰여요.

/ / /

작품에 대하여

《폴리애너》는 출간 당시 엄청난 인기를 얻은 작품으로, 주인공 이름인 폴리애너가 하나의 단어로 자리 잡기도 했어요. '모든 일에서 밝은 부분만 보는 매우 낙관적인 사람'을 가리키는 말로요. 지금은 자주 쓰이지 않지만 "You are such a Pollyanna."라고 말하면 비현실적으로 세상을 밝게 본다고 비판하는 말이 되기도 해요. 오늘의 문장은 폴리애너가 포드 목사님에게 하는 말이에요. 좋은 일을 찾으면 좋은 일이 생긴다는 이런 긍정의 마음은, 언제나 좋지 않나요?

Day 15

I think everyone in the world is friends if you can only get them to see you don't want to be un-friends.

_ *The Railway Children* by Edith Nesbit

세상 모든 사람이 친구라 생각해. 네가 정말로 친구하지 않고 싶은 게 아니라는 것만 보여주면 말이지.

_《기찻길의 아이들》, 에디스 네스빗

Tip

get someone to V 누군가에게 V하게 하다 **unfriend** 친구를 끊다

Unfriend는 소셜미디어에서는 '친구를 끊다'는 뜻으로 쓰여요. 하지만 1902년 이 책에 나왔을 때는 흔히 쓰는 말이 아니라 작가가 friend 앞에 un-을 붙여서 말장난처럼 만들어 쓴 거예요.

/ / /

작품에 대하여

이 책은 부족함 없이 살던 로버타, 피터, 그리고 필리스 삼남매가 갑작스런 사정으로 철도가 지나가는 시골로 이사 오면서 겪는 이야기를 담고 있어요. 삶은 순식간에 뒤바뀌지만 아이들은 좌절하지 않아요. 오히려 기차를 향해 손을 흔들며 아빠에게 안부 인사를 부탁하죠. 오늘의 문장은 첫째인 로버타가 시골의 여러 사람들을 알아가는 과정에서 동생들에게 하는 말이에요. 세상 모든 사람이 친구라는 말, 이것저것 따지고 재고 판단하는 어른들에게 큰 깨달음을 주지 않나요?

Day 16

He knew now that it was one thing to read stories about Indians, and quite another to meet one face to face.

_ *The Sign of the Beaver* by Elizabeth George Speare

이제 그는 알게 되었다. 인디언들에 대한 책을 읽는 것과 실제로 인디언을 직접 만나는 일은 전혀 다른 일이라는 걸.

_《비버족의 표식》, 엘리자베스 G. 스피어

Tip

A is one thing, and B (is) another (thing). A와 B는 전혀 다르다
face to face 직접 만나서

One thing, another (thing)을 쓴 표현은 반복되는 말들을 생략해 놓아서 어렵게 느껴질 수 있어요. 오늘의 문장만 해도 it이 가주어이고, 진주어는 to 부정사 구라서 더 이해하기 어려울 거예요.

/ / /

작품에 대하여

이 책은 아버지와 함께 서부를 개척하러 갔다가 몇 달을 혼자 살게 된 열세 살 소년 매트의 이야기를 담고 있어요. 다행히 매트는 미국 원주민인 아티언족의 도움으로 살아남습니다. 제목에 나오는 '비버'는 이 아티언족의 표식이에요. 덧붙이자면 Indian이라는 단어는 더 이상 미국 원주민을 가리키는 표현으로 쓰지 않아요. 미국 원주민은 Native Americans라고 부른답니다.

Day 17

There is nothing sweeter in this sad world than the sound of someone you love calling your name.

_*The Tale of Despereaux* by Kate DiCamillo

이 슬픈 세상에서 사랑하는 사람이 네 이름을 부르는 소리보다 더 달콤한 소리는 없어.

_《데스페로 이야기》, 케이트 디카밀로

Tip

sweet 달콤한 **call** 부르다

-thing으로 끝나는 단어들은 형용사가 뒤에 와서 앞의 말을 꾸며줍니다. something special은 '특별한 무언가', nothing new는 '새로울 게 전혀 없는', anything small은 '작은 건 뭐든지'라는 뜻이에요.

/ / /

작품에 대하여

작고 약한, 하지만 음악과 책을 사랑하는 생쥐 데스페로는 다른 생쥐들에게 놀림거리입니다. 그런 데스페로는 피 공주를 보고 그만 사랑에 빠져버리죠. 하지만 이를 용서할 수 없다며 다른 생쥐들은 데스페로를 지하 감옥에 가두고 맙니다. 그러던 중 피 공주가 위험에 처했다는 소식을 듣게 되고, 데스페로는 공주를 지키기로 결심합니다. 오늘의 문장은 데스페로가 공주를 생각하며 한 말이에요. 사랑하는 사람이 이름을 불러주는 소리가 세상에서 가장 달콤하다는 말, 참으로 낭만적이네요.

Day 18

It is much easier to be brave if you do not know everything.

_*Number the Stars* by Lois Lowry

모든 걸 알지 못하면 용감해지기 훨씬 쉬워.

_《별을 헤아리며》, 로이스 라우리

Tip

brave 용감한 **number** 숫자를 세다

비교급을 강조할 때는 very가 아닌 much를 써요. much easier는 그래서 '훨씬 더 쉬운'이라는 뜻이에요. everything을 부정하면 일부만 부정하는 게 돼요. '전부 그런 것은 아니다'와 같은 식으로요. 전체를 부정하려면 nothing을 쓰면 됩니다.

/ / /

작품에 대하여

이 책은 제2차 세계대전 당시 나치 점령 하에 있던 덴마크를 배경으로 하고 있어요. 열 살 소녀 안네마리 가족이 유대인인 엘렌 로젠 가족의 탈출을 돕는 과정을 담았지요. 하지만 헨릭은 아직 어린 안네마리에게는 자세한 상황을 설명해 주지 않아요. 오늘의 문장은 거짓말을 하고 많은 것을 숨겨야 하는 현실에 안네마리가 혼란스러워하자 헨릭 삼촌이 해주는 말입니다.

Day 19

That's the duty of the old, to be anxious on the behalf of the young. And the duty of the young is to scorn the anxiety of the old.

_ *The Golden Compass* by Philip Pullman

젊은이들을 대신해서 불안해하는 것은 늙은이들의 의무다. 그리고 젊은이들의 의무는 늙은이들의 불안을 비웃는 일이다.

_《황금 나침반》, 필립 풀먼

Tip

duty 의무 **the old** 늙은이들 **anxious** 불안한 **on behalf of** ~를 대신해, ~를 대표해 **the young** 젊은이들 **scorn** 비웃다 **anxiety** 불안

Old와 young은 형용사이지만 앞에 the를 붙이면 명사, 그것도 하나가 아니라 여럿의 명사를 나타내는 말이 돼요. 그래서 the old는 '늙은이들', the young은 '젊은이들' 이 되지요. 마찬가지로 the brave는 '용감한 사람들', the poor는 '가난한 사람들' 이 된답니다.

/ / /

작품에 대하여

이 책은《반지의 제왕》을 쓴 톨킨,《나니아 연대기》를 쓴 C.S.루이스와 함께 판타지의 3대 거장으로 불리는 필립 풀먼의 작품이에요. 두 주인공 라라와 윌이 펼치는 모험과 구원의 메시지가 한시도 눈을 뗄 수 없게 만들지요. 오늘의 문장은 라라에게 사서 할아버지가 해주는 말이에요. 과연 우리는 젊은이들의 고민을 대신하고 불안을 덜어주는 그런 어른이 될 수 있을까요?

Day 20

If my life is going to mean anything, I have to live it myself.

_*Percy Jackson and the Olympians, book1: The Lightning Thief* by Rick Riordan

내 삶에 어떤 의미가 있으려면, 내가 스스로 그 삶을 살아봐야 한다.

_《퍼시 잭슨과 올림포스의 신 1: 퍼시 잭슨과 번개 도둑》, 릭 라이어던

Tip

mean 의미하다 **lightning** 번개 **thief** 도둑

Myself는 동사 뒤에서 목적어로 쓰이면 재귀목적어라고 불러요. Love yourself. 이 문장이 바로 그 예에요. 하지만 이렇게 목적어로 쓰이지 않고 추가되는 경우 의미가 달라져요. 'I cooked dinner myself.' 라고 하면 내가 '직접' 했다는 의미가 되거든요. 퍼시 잭슨도 그래서 뒤에 자기 인생을 오롯이 자기 몫으로 직접 살아보겠다고 말하고 있어요.

/ / /

작품에 대하여

이 책은 신과 인간 사이에서 특별한 능력을 가지고 태어난 데미 갓(demi-god)인 퍼시 잭슨이 벌이는 모험담을 담고 있어요. 미국의 도시와 신화 속 세계를 넘나드는 압도적인 스케일이 탁월하지요. 오늘의 문장은 퍼시가 스스로에게 하는 말로, 삶의 의미에 대해 말하고 있어요. 무언가 의미가 있어야 한다고 생각하면 어떤 행동이든 하게 돼 있어요. 어떤 의미를 좇느냐에 따라 달라지겠지만요.

Day 21

There's no sadness too deep that love cannot heal.

_ *Sarah, Plain and Tall* by Patricia MacLachlan

사랑으로 치유할 수 없을 정도로 깊은 슬픔은 없어요.

_《키가 크고 수수한 새라 아줌마》, 패트리샤 매클라클랜

Tip

sadness 슬픔 **deep** 깊은 **heal** 치유하다 **plain** 수수한, 예쁘지 않은

Sadness(슬픔)는 joy(기쁨), fear(두려움), anger(분노), surprise(두려움/놀라움), disgust(역겨움)과 함께 사람이 느끼는 기본 감정이에요. 하지만 엄마를 잃은 슬픔은 일상적인 슬픔보다 더 깊어요. 누군가를 잃어서 느끼는 슬픔을 보통 grief라고 하는데, 이 슬픔은 좀 더 자라면서 겪는 경험인 경우가 많아요. 이 책의 주인공인 남매가 어린 나이에 엄마를 잃고 느끼는 슬픔은 더 깊다고 할 수 있어요. 하지만 사랑으로 치유될 수 있다니 정말 다행이지요?

/ / /

작품에 대하여

몇 년 전 엄마가 세상을 떠난 뒤 아빠, 동생과 살고 있는 애나의 마음은 집 앞에 펼쳐진 벌판처럼 스산하고 슬퍼요. 어느 날, 아빠는 '아내 구함' 이라는 광고를 내고, 자신을 '키가 크고 수수하다' 라고 소개한 새라 아줌마가 애나의 집에 옵니다. 소개대로 새라 아줌마는 수수한 마음으로 진심을 담아 아이들을 감싸면서 키웁니다. 오늘의 문장은 아이들이 마음을 열고 새라에게 "엄마라고 불러도 될까요?" 라는 마음을 전할 때 나오는 말이에요. 아이들이 느끼는 슬픔을 새라가 치유해 준 거지요.

Day 22

We've all got both light and dark inside us. What matters is the part we choose to act on... that's who we really are.

_*Harry Potter and the Order of the Phoenix* by J.K. Rowling

우리는 모두 내면에 빛과 어두움이 다 있어. 중요한 것은 어떤 쪽의 역할을 택하는가야. 그게 진짜 우리 모습이야.

_《해리 포터와 불사조 기사단》, J. K. 롤링

Tip

light 빛, 선 **dark** 어둠, 악 **matter** 중요하다 **part** 역할 **choose** 선택하다
order 기사단, 결사단

Have got은 have와 뜻이 같아요. 구어체에서 이렇게 have를 많이 쓴답니다. 보통 have를 축약해서 I've got과 같은 형태로요. I've got no money.(돈이 없어.) 오늘의 문장에서 have와 got 사이에 낀 all은 부사로 'We all have both ~'와 같이 주어와 서술부 사이에 끼워서 써요. All of us라고 해도 돼요.

/ / /

작품에 대하여

《해리 포터와 불사조 기사단》은 《해리 포터》 시리즈의 다섯 번째 이야기예요. 오늘의 문장은 시리우스 블랙(Sirius Black)이 제임스 포터의 선한 면과 볼드모트의 어두운 면이 자신의 내면에 다 있다고 고민하는 해리에게 해준 말이에요. 아즈카반에서 악한 세력들에게 고문을 받았던 블랙이 끝까지 선한 내면을 지키는 모습이 인상적이지요. 더구나 이름은 종종 '어둠' 혹은 '악'을 나타내는 '블랙(Black)'인데 말이지요.

Day 23

Keep your warm hearts, your gentleness, and your courage. These will do just as well as magic.

_*Bed-knob and Broomstick* by Mary Norton

따뜻한 마음과 온유함, 그리고 용기를 간직하렴. 이것들만으로도 마법만큼 훌륭한 힘이 되니까.

_《*Bed-knob and Broomstick*》, 매리 노튼

Tip

gentleness 온유함 **courage** 용기 **do well** 잘하다, 훌륭하다 **magic** 마법
bedknob 침대 손잡이 **broomstick** 빗자루

Do well은 '잘하다', '효과가 좋다' 정도의 뜻으로 두루 쓰여요. "그 집 아들은 학교 잘 다녀요?"라는 물음에 잘 다닌다고 대답하고 싶으면 "He's doing well in school."이라고 하면 돼요. 직장에 잘 다닌다고 할 때도 이렇게 말하고요. 오늘의 문장에서는 따뜻한 마음과 온유함, 그리고 용기가 마법만큼 큰 효과가 있다는 뜻으로 쓰여서 '마법만큼 훌륭한 힘이 된다'라고 옮겨 보았어요.

/ / /

작품에 대하여

이 책에는 찰스와 캐리, 그리고 폴 삼남매가 나와요. 셋은 이모 집에 머무르던 중 옆집에 사는 미스 프라이스가 마녀라는 사실을 알게 되요. 비밀을 지켜주는 대가로 미스 프라이스는 세 남매의 침대 손잡이에 마법을 걸어주지요. 마법이 걸린 침대를 타고 세 남매는 시간과 공간을 넘어 이곳저곳으로 모험을 떠납니다. 오늘의 문장은 미스 프라이스가 세 남매에게 해준 말이에요. 따뜻함과 사랑이 가득 담겨 있네요.

Day 24

Just because you've got the same parents, it doesn't mean you're alike.

_*Double Act* by Jacqueline Wilson

부모님이 같다고 해서 닮은 건 아니다.

_《쌍둥이 루비와 가닛》, 재클린 윌슨

Tip

same 같은 **alike** 닮은 **double** 이중의, 두 개의 **act** 행동

Alike는 형용사지만 명사 앞에 와서 명사를 꾸미는 역할은 하지 못해요. 오로지 'A and B are alike' 혹은 'You two are alike' 처럼만 쓸 수 있어요. Be alike는 성격이나 외모가 닮았다는 의미로 쓸 수 있는데, look alike라고 하면 외모가 비슷하다고 할 때만 쓸 수 있어요. K-pop idols look alike.(k-팝 아이돌들은 비슷하게 생겼어.)처럼요.

/ / /

작품에 대하여

두 주인공 루비와 가닛은 쌍둥이지만 서로 아주 달라요. 루비는 외향적이고 씩씩한 반면 가닛은 조용하거든요. 이처럼 외모는 비슷해도 성격은 정반대일 수 있어요. 또 사이좋게 자라는 형제자매도 있지만 보통은 작은 일로 투닥거리며 자라는 형제도 많답니다. 가족이 이사를 하고 새엄마가 생기는 등 큰 변화를 겪으면서 서로 다른 루비와 가닛은 마음을 합치게 될까요?

Day 25

Sitting here crying isn't going to change anything. I must get help.

_ *The Worst Witch* by Jill Murphy

여기 앉아서 운다고 달라지는 건 없어. 도와달라고 해야 해.

_《꼴찌 마녀 밀드레드》, 질 머피

Tip

change 바꾸다, 달라지다 **help** 도움 **worst** 최악의, 가장 못하는 **witch** 마녀

Get help는 '도움을 받다', '도움을 요청하다' 라는 뜻이에요. Get은 '무언가를 받다', '얻다', '사다', '구하다' 의 의미로 많이 써요. He got a ticket to the concert.(그는 콘서트 티켓을 구했어.)처럼요. 샀을 수도 있고 받았을 수도 있는데, 생긴 건 어쨌든 get을 씁니다. 그래서 친구가 새로운 옷이나 물건을 가지고 오면 한국말로는 "어디서 샀어?" 라고 물어보지만 영어로는 "Where did you get it?"이라고 물어요.

/ / /

작품에 대하여

마법사 집안이 아닌 평범한 집안에서 태어난 밀드레드는 어쩌다 미스 캐클 마녀 아카데미라는 마법 학교에 입학하게 돼요. 결국 수업 시간에 계속 실수를 연발하고 말지요. 실수가 이어지던 어느 날, 울던 밀드레드는 결심합니다. 나 혼자 못하면 도와달라고 해야겠다고요. 오늘의 문장이자 이 다짐이 변화의 시작이 됩니다.

Day 26

Nothing in the world was worse than unhappy parents. Nothing. When parents were unhappy, the whole world seemed to go wrong.

_*Ramona's World #7: Ramona Forever* by Beverly Cleary

불행한 부모보다 끔찍한 일은 세상에 없어. 없다고. 부모들이 불행하면, 온 세계가 망가지는 것 같아.

_《*Rmona Forever*》, 비벌리 클리어리

Tip

worse 못한 **unhappy** 불행한 **whole** 전부의 **wrong** 잘못인, 틀린 **forever** 영원히

Whole은 여럿을 하나로 묶어서 '전부'라고 말해요. The whole world는 세상을 하나로 묶어서 '온 세상'이라고 하지요. 반면에 all the people이라고 하면 사람들 한 명 한 명을 다 더해서 모두가 된다는 뜻이 있어요. 묶어서 통째로 하나는 whole, 하나하나 더해서 하나가 되면 all이라고 생각하면 쉬워요.

/ / /

작품에 대하여

《라모나 월드(*Ramona World*)》 시리즈는 총 8권으로, 오늘의 문장은 7권인 《*Ramona Forever*》에 나와요. 3학년인 라모나에게 일 년 동안 생기는 변화를 담고 있어요. 아빠는 꿈을 포기하고 생계를 위해 마트 관리자가 되고, 이모는 결혼을 하고, 반려 고양이는 죽고, 새로운 동생이 태어나지요. 이 과정에서 라모나는 한 뼘 더 성장한답니다.

Day 27

Constancy. Being able to count on something or someone. This is what brings joy.

_*Missing May* by Cynthia Rylant

한결같음. 무엇 혹은 누군가에게 기댈 수 있는 것. 그게 기쁨을 가져다준다.

_《그리운 메이 아줌마》, 신시아 라일런트

Tip

constancy 한결같음 **count on** 의지하다 **bring** 가져오다 **joy** 기쁨

Count on은 '의지하다', '기대다'라는 뜻이에요. 친구 간에 서로 의지하고 기댈 때 쓰기 좋은 표현이지요. '기대하다'의 뜻도 있어서 이렇게 쓸 수도 있어요. We're counting on good weather for the picnic.(소풍날 날씨가 좋기를 기대하고 있어).

/ / /

작품에 대하여

고아 소녀 서머는 메이 아줌마와 오브 아저씨 집에 맡겨져 자라요. 그러던 중 메이 아줌마가 세상을 떠나면서 서머와 아저씨는 슬픔을 잊기 위해 여행을 떠납니다. 한결같이 변하지 않는 것, 기대고 의지할 수 있는 대상이 있다는 것, 이게 바로 삶을 살리는 기쁨 아닐까요? 여러분에게도 한결 같은 존재, 의지할 수 있는 존재가 있나요?

Day 28

If everything's the same, then there aren't any choices! I want to wake up in the morning and decide things!

_ *The Giver* by Lois Lowry

모든 것이 똑같다면, 선택이라고는 없잖아요. 나는 아침에 일어나서 이것저것 결정하고 싶어요!

_《기억 전달자》, 로이스 라우리

Tip

choice 선택 **wake up** 일어나다, 잠에서 깨다 **decide** 결정하다

Same 앞에는 반드시 the가 붙어요. only도 반드시 the only라고 해요. 순서를 말하는 표현에도 앞에 the가 붙어서 the first, the last, the next와 같이 써요. 최상급 앞에도 쓸 수 있는데 the best, the eldest라고 쓰면 돼요.

/ / /

작품에 대하여

조너스가 사는 공동체는 사람들이 복잡한 감정을 느끼지 못하고 모두가 사회가 정한 역할에 따라 키워지고 자라나 정해진 직업을 받아 사는 사회예요. 다양한 색, 기억이 금지되어 있는데, 기버(giver)라고 불리는 한 사람만 모든 것을 기억할 수 있지요. 오늘의 문장은 다음 세대 기버로 선택 받은 조너스가 훈련을 하다 선배 기버에게 하는 말이에요. 때론 슬픔과 괴로움 같은 감정도 필요해요. 그러니 늘 기쁘게만 살 수 있다고 생각하지 말아요.

Day 29

History is the torch which illuminates the past, the key that unlocks the door to the future.

_ *The Story of Mankind* by Hendrik Willem van Loon

역사는 과거를 비추는 횃불이자 미래로 가는 문을 열어주는 열쇠다.

_《인류 이야기》, 헨드리크 빌렘 반 룬

Tip

history 역사 **torch** 횃불 **illuminate** 비추다 **past** 과거 **unlock** (잠긴 것을) 열다 **future** 미래 **mankind** 인류

'무언가를 열어 어디로 (들어)가게 해주는 문'이라고 할 때 전치사 to를 쓰는 용법은 매우 재미있어요. A door to the secret room. '비밀의 방으로 들어가는 열쇠'라고 표현하지요. window도 마찬가지 용법으로 쓸 수 있어요. 부산으로 가는 표, 어떤 문제에 대한 해결법을 표현할 때도 이 to 전치사를 써요. A ticket to Busan, a solution to the problem처럼요.

/ / /

작품에 대하여

오늘의 문장은 이 책의 서문에 실려 있어요. 작가가 독자에게 건네는 말이라고 할 수 있지요. 왜 우리가 역사를 알아야 하는지 강조하는 표현이기도 해요. History라는 말은 그리스어 historia에서 왔어요. '지식'이라는 뜻인데, 이후 이 단어는 역사를 뜻하는 history가 되었지요. History의 어원은 절대 his+story(그의 이야기)가 아니에요.

Day 30

Do not despise small beginnings; great things have humble origins.

_*The Trumpeter of Krakow* by Eric P. Kelly

시작이 작다고 무시하지 말라. 위대한 일들의 시작은 초라한 법이다.

_《크라쿠프의 나팔수》, 에릭 P. 켈리

Tip

despise 무시하다 **beginning** 시작 **humble** 초라한, 겸손한 **origin** 시초, 기원
trumpeter 나팔꾼

Have를 한국말로 옮길 때 '있어요'라고 하면 대체로 자연스러워요. This house has 7 windows. 이 문장은 '이 집은 일곱 개의 창문을 가지고 있다'보다는 '이 집에는 일곱 개의 창문이 있다'가 훨씬 자연스럽지요. 거꾸로 이 말을 영어로 옮길 때 'There are 7 windows in this house'는 한국말로 하나씩 의미가 맞아떨어져서 많은 한국인들이 쓰고 있는데, 그보다는 have를 쓴 위 문장을 원어민들은 더 많이 써요.

/ / /

작품에 대하여

1929년 뉴베리 메달 수상작인 이 작품은 중세 크라쿠프를 배경으로 하고 있어요. 오늘의 문장은 요세프 가족이 낯선 크라쿠프로 이사 와 새롭게 시작하려는 시점에 나오는 구절이에요. 아무리 큰일이라도 시작은 작을 수 있어요. 모든 사람이 아주 작은 갓난아이로 시작하는 것처럼요. 아주 높은 탑도 시작은 벽돌 한 장이었죠.

Day 31

I have been loved by many, and it has made me what I am.

_*Hitty, Her First Hundred Years* by Rachel Field

나는 많은 사람들에게 사랑받았고, 그것이 지금까지 나의 모습을 만들었다.

_《나무 인형 히티의 백 년 모험》, 레이첼 필드

Tip

loved 사랑받는 **what I am** 현재의 내 모습

What I am은 직역하면 '지금의 나인 것' 이 돼요. 그렇다면 what I was는 '과거의 나였던 것' 이 되겠지요? 이런 의미에서 what I am은 '지금의 내 모습' 이고, what I was 는 '과거의 내 모습' 으로 번역할 수 있어요. I am not what I was any more.(난 더 이상 과거의 내가 아니야.)

/ / /

작품에 대하여

이 책은 골동품 가게의 목각 인형 히티(Hitty)가 백 년에 걸쳐 전 세계 사람들의 손을 거친 인형으로 살아온 이야기를 해주고 있어요. 인형의 시선에서 인간에게 이야기를 들려주는 독특한 방식이지요. 현재완료 시제를 써서(have been loved) '쭉 사랑받았고', 그렇게 받은 사랑이 has made, 즉 지금까지 자신의 모습을 만들었다고 말하는 내용이에요. many 다음에는 people이 생략되어 있어요.

Day 32

It may be that there is a fierceness in love, and love in fierceness.

_*The Cat Who Went to Heaven* by Elizabeth Coatsworth

사랑 안에 맹렬함이 있고, 맹렬함 안에 사랑이 있을 수도 있다.

_《하늘로 올라간 고양이》, 엘리자베스 코우츠워쓰

Tip

fierceness 사나움, 맹렬함 **heaven** 천국

오늘의 문장 중 there is a fierceness in love, and love in fierceness에서 and 뒤에 'there is'가 반복되어서 생략됐어요. 영어는 종종 이렇게 반복되는 구절을 생략해요. "Truth is beauty, beauty truth."(진리는 아름다움이고, 아름다움은 진리다.) 영국 낭만주의 시인 존 키츠의 시 〈Ode on a Grecian Urn(그리스 항아리에 부치는 송가)〉의 마지막에 나오는 구절이에요. 마찬가지로 반복되는 부분을 생략하고 있지요.

/ / /

작품에 대하여

이 책은 일본의 한 화가가 절의 주지스님에게 부처님과 동물들을 그려달라는 부탁을 받고 그림을 그리는 이야기예요. 화가가 키우는 고양이 행운이(Good Fortune)는 부처님에게 경배하지 않았기 때문에 천국(극락)에 갈 수 없다는 게 통설이에요. 하지만 나이 들어 죽어가는 고양이를 화가는 반대를 무릅쓰고 그려 넣지요. 그리고 그림 속 부처가 고양이를 축복하는 모습으로 바뀌는 기적이 일어납니다. 오늘의 문장은 화가가 호랑이를 그려 넣고 고양이를 생각하는 장면에서 나와요.

Day 33

Slowly, go more slowly. If a play, a book, a story is worth sharing at all, it is worth giving time to.

_ *Waterless Mountain* by Laura Adams Armer

천천히, 더 천천히 가렴. 연극이나 책이나 이야기는 나눌 가치가 있으면 시간을 들일 가치가 있단다.

_《*Waterless Mountain*》, 로라 애덤스 아머

Tip

slowly 천천히 **play** 연극 **worth** 가치가 있는

Be worth ~ing는 흥미로운 표현이에요. This movie is worth watching. 이 문장에서 movie는 being watched 되는 거지만 watching이라고 쓰니까요. 옛날에는 실제로 being watched라고 썼었어요. 하지만 원어민들도 시간이 지나면서 현재와 같이 watching을 쓰는 쪽으로 변했어요.

/ / /

작품에 대하여

미국 애리조나 주에 사는 미국 원주민 부족 나바호 족의 소년 돈보이(Dawn Boy)의 성장기를 그린 작품이에요. 오늘의 문장은 소년이 다니는 기독교계 학교의 피터스 선생님(Miss Peters)이 소년에게 해주는 말이에요. 나바호의 문화와 전통을 존중하며 하는 말이기도 하지요.

Day 34

Kill the snake of doubt in your soul, crush the worms of fear in your heart and mountains will move out of your way.

_ *The White Stag* by Kate Seredy

영혼 속 의심의 뱀을 죽이고, 마음에서 두려움의 벌레를 으깨어 죽이렴. 그러면 산들도 길을 비켜줄 거야.

_《*The White Stag*》, 케이트 세러디

Tip

doubt 의심 **crush** 으깨다 **fear** 두려움 **out of one's way** ~가 가는 길에서 나가는

One's way는 '누군가가 가는 길'이에요. 그래서 이 길에 서 있으면 길을 막는 게 되는 거죠. You're in my way! 이렇게 말하면 내가 가는 길을 상대가 막고 있는 거예요. 하지만 out of my way라고 하면 막고 있다가 비켜주는 게 돼요. Get out of my way!(내가 가는 길을 막지 말고 비켜!) 하지만 이런 표현은 잘못 쓰면 무례하게 들릴 수 있으니 조심해야 해요. Excuse me, I'm afraid you're in my way.(실례합니다. 당신이 제 길을 막고 있는데 어쩌죠). 이렇게 말하면 훨씬 부드러워진답니다.

/ / /

작품에 대하여

이 책의 작가는 헝가리 출신 이민자인 케이트 세러디예요. 헝가리 민족 설화를 재창작하여 흔족과 마자르족이 아버지 님로드(Nimrod)와 함께 신비한 흰 사슴을 따라 새로운 땅, 약속된 땅을 찾아가는 내용을 담고 있지요. 온갖 어려움을 헤치고 앞으로 나아가기 위해 마음을 다잡을 때 이 말은 큰 도움이 돼요.

Day 35

Garnet was very happy. She was so happy, for no especial reason, that she felt as if she must move carefully so she wouldn't jar or shake the feeling of happiness.

_ *Thimble Summer* by Elizabeth Enright

가넷은 아주 행복했다. 별다른 이유도 없이 너무 행복한 나머지 이 행복한 감정이 흔들리지 않게 조심조심 움직여야 할 것만 같았다.

_《마법 골무가 가져온 여름 이야기》, 엘리자베스 엔라이트

Tip

reason 이유 **as if** 마치 ~ 처럼 **carefully** 조심스럽게 **jar** 흔들다 **shake** 흔들다 **thimble** 골무

Like는 연결어로 전치사이기 때문에 like 다음에는 명사 목적격만 쓸 수 있었어요. 하지만 요새는 like 다음에 주어 동사를 써서 '~처럼' 으로 쓸 수 있어요. like I said earlier(내가 앞에서 말했던 것처럼)와 같이요. He felt like he was falling into a fluffy cloud-land of cotton balls.(그는 폭신한 솜으로 이루어진 구름 나라로 떨어지는 것 같은 느낌이었다.)

/ / /

작품에 대하여

가넷은 은골무 하나를 주운 뒤 좋은 일들이 벌어지자 마법의 골무가 생겼다고 생각해요. 골무의 마법인지 아닌지 살피느라 삶의 순간순간을 더 세심하게 느끼고 누리는 법을 알아가지요. 오늘의 문장은 그런 가넷의 모습을 잘 보여주고 있어요. 삶을 바라보는 눈은 어려서 가능한 걸까요? 여러분은 어떻게 삶의 순간순간을 보내고 있나요? 참, 이 작품은 뉴베리 수상작 중 최연소 작가의 작품이기도 해요.

Day 36

War is a savage beast that devours men's lives and leaves only destruction in its wake.

_*The Matchlock Gun* by Walter D. Edmonds

전쟁은 사람의 생명을 삼키고 지나간 자리에 파괴만 남기는 야만적인 야수다.

_《*The Matchlock Gun*》, 월터 에드몬즈

Tip

savage 야만의, 야만적인 **beast** 야수 **devour** 삼키다 **destruction** 파괴
in one's wake ~가 지나간 자리에 **matchlock gun** 화승총

In one's wake에서 wake는 배가 지나간 뒤에 남는 물결을 말해요. 그래서 누군가 지나간 후에 남겨놓은 흔적이나 영향이라는 뜻이 됩니다. in someone's wake는 'someone이 지나간 후에', '그의 영향으로'라는 뜻이 되고 in the wake of something일 경우에는 'something의 결과로', '~의 여파로'라고 해석하면 돼요.

/ / /

작품에 대하여

이 책은 개척 시절 미국에서 벌어진 영국과 프랑스 간의 전쟁이 배경이에요. 열 살 소년 에드워드가 가족을 지키기 위해 오래된 화승총을 들고 용감하게 맞서는 이야기를 담고 있지요. 어른들이 전쟁에 나가서 없는 동안 어머니, 여동생과 남겨진 에드워드는 원주민들이 쳐들어오자 맞서 싸워요. 전쟁과 싸움은 그야말로 야수 같아서 사람들을 죽이고 많은 것을 파괴하죠. 겨우 열 살짜리 소년이 정말로 용감하지 않나요? 소중한 것을 지키려는 마음이 용감함을 만드는 것 같네요.

Day 37

It is not what we have, but what we use, that makes us rich.

_*Rabbit Hill* by Robert Lawson

사람은 얼마나 가졌는지가 아니라 그것을 어떻게 쓰느냐에 따라 부자가 된다.

_《꼬마 토끼 조지의 언덕》, 로버트 로손

Tip

rich 부유한, 부자의 **hill** 언덕

'It is A that make someone 형용사' 꼴은 '누군가를 [형용사]하게 만드는 건 바로 A이다'로 해석하고, 강조 구문이라고 불러요. "네가 최종 결정을 내려.(You make the final decision.)"라고 말하는 것과 "최종 결정을 내리는 건 바로 너야.(It is you who makes the final decision.)"라고 하는 것의 차이지요.

/ / /

작품에 대하여

시골 어느 언덕에 사는 동물들은 오랫동안 버려졌던 집에 사람들이 새로 이사를 오자 자신들이 여전히 안전하게 살 수 있을지 걱정합니다. 하지만 우려와 달리 새로 이사 온 사람들은 이웃뿐 아니라 동물들에게도 사랑을 나누고 베풀지요. 그 모습을 꼬마 토끼 조지의 눈으로 보여주는 이야기예요. 1945년 뉴베리 메달 수상작이기도 하답니다.

Day 38

Hard work may be tough, but the fruits of labor are always sweet.

_ *Strawberry Girl* by Lois Lenski

고된 일은 힘들 수 있다. 하지만 노동의 열매는 언제나 달다.

_《*Strawberry Girl*》, 로이스 렌스키

Tip

hard 힘든, 고된 **tough** 거친, 어려운 **fruit** 열매, 과일 **labor** 노동

Hard에는 '열심히'라는 뜻만 있는 게 아니에요. He works hard. 이 문장에서는 hard가 부사로 쓰여 '그는 열심히 일한다'라는 뜻이 돼요. 하지만 hard가 형용사가 되면 '어려운', '딱딱한'이라는 뜻을 가져요. He slept on the hard floor.(그는 딱딱한 바닥에서 잤다.)처럼요. 그리고 hard work라고 하면 '힘든 일'이나 '고된 일'이 돼요. 품사에 따라, 또 어떤 단어와 함께 쓰이느냐에 따라 의미가 달라진다는 점 주의하세요.

/ / /

작품에 대하여

이 책의 주인공은 열 살 소녀 버디입니다. 플로리다에 있는 딸기 농장에서 가족과 함께 힘들게 딸기를 키우고 첫 수확을 마친 버디가 오늘의 문장을 말하지요. 옛날에는 어린이도 부모님을 거들어 함께 일을 하곤 했어요. 그래서 열 살밖에 안 된 버디도 일의 무게를 알고, 일을 해서 얻는 수확의 기쁨을 알았지요.

Day 39

It is better to have crooked legs than a crooked spirit. We can only do the best we can with what we have.

_*The Door in the Wall* by Marguerite De Angeli

다리가 굽은 게 정신이 굽은 것보다 낫다. 우리는 가진 것을 가지고 최선을 다할 수밖에 없어.

_《*The Door in the Wall*》, 마거리트 드 안젤리

Tip

crooked 굽은 **spirit** 정신 **do the best** 최선을 다하다

Crooked의 ed 발음은 /id/라서 '크루키드'라고 읽어요. 발음에 주의해야 하는 단어지요. 이 단어는 무언가가 똑바르지 않고 굽어 있거나 꼬여 있을 때 써요. 길이 굽어 있을 때, 그림이 벽에 삐딱하게 걸려 있을 때 crooked path 혹은 A picture on the wall is crooked라고 해요. 도덕적으로 굽어 있다는 뜻으로도 써서 누군가 crooked 하다고 하면 부정직하고 부패했다는 뜻이 돼요.

/ / /

작품에 대하여

1950년 뉴베리상 수상작인 이 책의 배경은 중세 영국이에요. 병에 걸려 두 다리를 쓰지 못하게 된 열 살 소년 로빈은 수도원으로 보내져 수도사들의 보살핌을 받아요. 그렇게 장애를 극복해 가는 과정을 담고 있지요. 절망의 벽에도 문이 있다는 뜻에서 제목이 《*The Door in the Wall*》이에요.

Day 40

It does a man no good to be free until he knows how to live, how to walk in step with God.

_*Amos Fortune: Free Man* by Elizabeth Yates

어떻게 살지, 어떻게 하나님과 발맞춰 걸을지 알기 전까지 자유는 소용이 없다.

_《자유인 아모스》, 엘리자베스 예이츠

Tip

do someone good 누군가에게 이롭다 **free** 자유로운 **in step with** ~와 발맞춰

Do someone good은 '누군가에게 이롭다' 라는 뜻인데 someone이 대명사인 경우에는 do good to someone이라고만 써요. 반대로 do someone harm은 '누군가에게 해가 되다' 라는 뜻이에요. Going to bed late does harm to you.(잠자리에 늦게 드는 건 해롭다.)

/ / /

작품에 대하여

아프리카 부족의 왕자였던 아모스의 이야기예요. 아모스는 열다섯에 미국 노예로 팔려가 오랜 시간 노예로 살다가 60세에 자유의 몸이 돼요. 이후 91세에 숨을 거둘 때까지 다른 노예들의 자유를 사주며 살아가요. 노예로 산 주인공의 이야기인 만큼 이 책에서 말하는 자유의 의미는 각별해요. 당연하게 누리는 것들이 얼마나 소중한지 잃어버리기 전까지는 모르지요. 지금 우리는 자유가 얼마나 소중한지 모를 수 있어요. 책을 통해서라도 그 의미를 새겨보면 좋겠어요.

Day 41

Each sunrise is a miracle, reminding us of the gift of a new day.

_*Miracles on Maple Hill* by Virginia Sorensen

매일 떠오르는 해는 우리에게 새로운 하루라는 선물을 일깨워주는 기적이다.

《봄 여름 가을 겨울》, 버지니아 소렌슨

Tip

sunrise 일출 **miracle** 기적 **remind** 상기시키다, 일깨우다 **gift** 선물

The gift of a new day라는 표현에서 of는 '선물이 바로 새로운 하루'라는 뜻으로 쓰였어요. the city of Paris에서 '도시가 바로 파리'인 것과 같은 용법이에요. beauty of nature, the sound of rain, the power of love 등도 그렇게 쓰인 표현들이에요.

/ / /

작품에 대하여

이 책은 2차 세계대전의 트라우마로 힘들어하는 아버지를 위해 가족이 모두 펜실베이니아의 메이플 힐로 이사해 자연 속에서 치유와 기적을 경험하는 말리네 가족의 이야기를 담고 있어요. 단풍나무 수액을 받아 함께 시럽을 만들고, 다양한 계절의 변화를 겪으면서 아버지는 점점 마음의 평화를 되찾지요. 당연한 일로 보이는 아침 해조차 새롭고 특별한 것으로 받아들이게 되면 전쟁으로 난 깊은 상처도 서서히 치유된답니다.

Day 42

It is the hate that is the enemy. Not men. Hate does not die with killing. It only springs up a hundredfold. The only thing stronger than hate is love.

_ *The Bronze Bow* by Elizabeth George Speare

미움이 적이다. 사람이 아니다. 미움은 살인과 함께 사라지지 않는다. 백 배로 늘어나 솟아오를 뿐이다. 미움보다 유일하게 강한 것은 사랑이다.

_《청동 활》, 엘리자베스 조지 스피어

Tip

hate 혐오, 미움　**enemy** 적　**killing** 살해　**spring up** 솟아오르다, 불쑥 나타나다
hundredfold 백 배

Fold는 두 배, 세 배 할 때의 '배'를 말해요. twofold는 두 배, manyfold는 여러 배, thousandfold는 수천 배라는 뜻이에요.

/ / /

작품에 대하여

로마 치하 팔레스타인을 배경으로 한 이 책에는 아버지가 세상을 떠난 뒤 미움과 복수심에 사로잡힌 소년 다니엘이 나와요. 예수님과 친구들의 도움을 받아 다니엘은 증오를 극복하고, 사랑과 용서의 힘을 배우지요. 오늘의 문장은 예수님이 다니엘에게 하는 말이에요. 이 말로 다니엘은 로마인에 대한 미움을 내려놓고 마음을 돌이키게 되지요.

Day 43

A straight line is not the shortest distance between two points.

_ *A Wrinkle in Time* by Madeleine L'Engle

직선이 두 점 사이의 가장 짧은 거리는 아니다.

_《시간의 주름》, 매들렌 렝글

Tip

straight 곧은, 일직선의 **short** 짧은 **distance** 거리 **wrinkle** 주름

Straight line은 직선을 말해요. 곡선은 curved line 또는 curve라고 해요. straight line은 굽은 길(bend)이 없는 선이고, curve는 있는 길을 말해요.

/ / /

작품에 대하여

열세 살 소녀 메그, 메그의 동생이자 천재인 찰스, 그리고 메그의 선배 켈빈이 실종된 메그의 아빠를 찾아 시공간을 넘어 모험을 떠나는 이야기예요. 오늘의 문장은 모험 중 만난 신비한 존재인 Mrs. Whatsit이 아이들에게 시공간을 여행하는 원리에 대해 설명하면서 하는 말이에요. 우리가 사는 3차원 세상에서는 두 점 사이 직선이 가장 짧은 게 맞아요. 하지만 우주로 시선을 옮기면 꼭 그렇지 않아요. 마찬가지로 우리가 어떤 목표를 이루려고 할 때 직선이 가장 빠른 길이 아닐 수 있어요. 다른 길이 더 빠를 수도 있다는 사실을 기억하세요.

Day 44

Caring about someone or something means that you're responsible for them.

_*It's Like This, Cat* by Emily Cheney Neville

누군가 혹은 어떤 것을 아낀다는 것은 그에 대해 책임을 져야 한다는 뜻이야.

_《냥이를 위해 건배!》, 에밀리 체니 네빌

Tip

care about ~을 아끼다 **be responsible for** ~를 책임지다

Care한다는 말에는 '돌보다'라는 뜻이 있어요. 사람은 아기를 돌보고, 아픈 사람을 돌보고, 동물과 식물을 돌보며 살아요. caring은 형용사로도 쓰여 누군가의 성격을 말할 때도 써요. Mary is very caring and giving.(메리는 매우 배려심이 많고 베풀 줄 아는 사람이에요.)처럼요. giving 역시 잘 베푸는 사람을 묘사하는 형용사로 쓰인답니다.

/ / /

작품에 대하여

뉴욕 맨해튼에 사는 열네 살 소년 데이브가 고양이를 받아 키우면서 성장해 가는 내용을 담은 작품이에요. 오늘의 문장은 고양이가 아파 병원에 가야 하는 상황에서 엄마가 데이브에게 하는 말이에요. 아끼는 마음과 책임지는 태도는 같지 않다는 메시지를 주고 있죠. 누구를 좋아하건, 무엇을 좋아하건 거기에는 책임이 따를 수밖에 없어요. 살다 보면, 좋아하는 일이 단순히 좋아하는 일로 끝나지 않는다는 걸 점점 더 자주 느끼게 될 거예요.

Day 45

The eyes are the windows of the soul... If someone was to look into your eyes, would you want them to see?

_*From the Mixed-Up Files of Mrs. Basil E. Frankweiler* by E. L. Konigsburg

눈은 영혼의 창이야.
누군가 네 눈을 들여다본다면 그 사람이 무엇을 보기를 바라니?

_《클로디아의 비밀》, E. L. 코닉스버그

Tip

soul 영혼 **look into** 조사하다, 들여다보다

Look into는 '조사하다', '살펴보다'의 뜻으로 더 많이 쓰여요. Look into one's eyes는 '눈을 깊이 들여다보다', '눈 속을 탐색하다'라는 문학적인 의미로 쓸 수 있어요. 눈을 맞추고 똑바로 쳐다보라고 할 때는 "look someone in the eye(s)"라고 해요. 엄마들이 "내 눈 똑바로 보면서 말해!"라고 할 때 바로 이 표현이 나와요. Look me in the eyes when you talk.

/ / /

작품에 대하여

집에 불만을 느낀 열두 살 클로디아. 결국 아홉 살 동생 제이미를 데리고 가출을 감행, 뉴욕 메트로폴리탄 미술관에 숨어들어요. 그 안에서 지내며 벌어지는 이야기를 담은 작품이에요. 미켈란젤로의 작품 엔젤 조각상의 미스터리를 알게 된 둘은 이 조각상을 판 바질 프랭크와일러 부인의 집을 찾아가고, 이 할머니를 만나며 남매는 집으로 돌아가게 됩니다. 오늘의 문장은 할머니가 클로디아에게 해주는 말이에요.

Day 46

It is beyond any man's wisdom to judge the secret heart of another... for in it are good and evil mixed.

_ *The High King: The Chronicles of Prydain* by Lloyd Alexander

다른 사람의 비밀스러운 마음을 판단하는 일은 인간의 지혜를 넘어서는 일이야. 그 마음속에는 선과 악이 섞여 있으니까.

_《위대한 왕》, 로이드 알렉산더

Tip

beyond ~를 넘어서는 **wisdom** 지혜 **judge** 판단하다 **secret** 판단 **evil** 악 **mixed** 섞인

For in it are good and evil mixed에서 for는 덧붙여서 이유를 설명하는 접속사예요. 그리고 그 다음에 부사구인 in it이 앞으로 나오면서 주어와 동사의 자리가 바뀌어(도치되어) 있어요. 원래 순서대로 써보면 for good and evil are mixed in it이 되겠지요. 부사나 부사구가 앞으로 나가면 이렇게 주어와 동사가 도치되는 일이 흔해요. There is a house와 같은 문장처럼요.

/ / /

작품에 대하여

이 책은 5권짜리 판타지 시리즈인 《프리데인 연대기(*The Chronicles of Prydain*)》의 마지막 권이에요. 주인공 타란과 동료들이 사악한 군주 아란에 맞서 프리데인 왕국을 지키는 이야기지요. 오늘의 문장은 현자인 탈리에신(Taliesin)이 주인공 타란에게 해주는 조언이에요. 만화영화 속의 악인들은 너무도 정직하게 악해서 어떻게 상대할지 결정하기가 쉬워요. 하지만 현실은 다르죠. 어른이 된다는 건 이런 사람들을 어떻게 받아들일지 생각하며 나라는 그릇을 만들어가는 과정이 아닌가 싶어요.

Day 47

You can't help how you feel but you can help how you behave.

_*Summer of the Swans* by Betsy Byars

감정은 어쩔 수 없지만 어떻게 행동할지는 선택할 수 있지.

_《열네 살의 여름》, 베치 바이어스

Tip

can't help something ~를 어쩔 수가 없다 **feel** 느끼다 **behave** 행동하다 **swan** 백조

Behave와 act 둘 다 '행동하다'는 뜻이지만 이 중 behave는 '예의에 맞게 행동하다'의 뜻을 가지고 있어요. 그래서 Please behave yourself at the dinner table이라고 하면 "식탁에서 예의 있게 행동해요."라는 말이 되지요. 보통 yourself를 붙여서 "스스로 얌전하게 행동해요."라고 쓸 때가 많아요. 반대로 act는 그냥 어떤 행동을 하거나 역할을 한다는 뜻이에요. He acted quickly to save the child.(아이를 구하기 위해 재빨리 행동했어요.)

/ / /

작품에 대하여

이 책은 열네 살 소녀 사라가 지루하고 불안한 여름을 보내던 중 발달 장애가 있는 동생 찰리가 갑자기 실종되면서 겪는 이야기를 다루고 있어요. 이 과정에서 사라는 공감과 책임이 무엇인지 깨닫지요. 오늘의 문장은 이모 윌리가 사라에게 해주는 조언이에요. 어떤 감정이 드는 것은 어쩔 수 없지만 기분에 따라 행동할지 말지는 스스로 통제할 수 있다는 뜻이지요. 기분대로 행동하지 않는 것, 그게 어쩌면 어른이 되는 첫걸음일지도 모르겠어요.

Day 48

When you've lived in a cage, you can't bear not to run, even if what you're running towards is an illusion.

_*Mrs. Frisby and the Rats of NIMH* by Robert C. O'Brien

우리에 갇혀 살아본 적이 있다면, 달려가는 목표가 환상이라고 해도 달리지 않을 수가 없게 돼.

_《프리스비 부인과 니임의 쥐들》, 로버트 오브라이언

Tip

cage 우리 **bear** 참다, 견디다 **illusion** 환상 **rat** 시궁창 쥐

Bear에도 '참다'라는 뜻이 있지만 stand에도 '참다'라는 뜻이 있어요. 둘 다 비슷하게 '참을 수 없다'라는 의미로 쓰이지요. 하지만 stand는 주로 부정문, 그러니까 '참을 수 없다'의 경우에만 쓰여요. bear는 긍정문에서 '참다'라고 많이 쓰이고요. "Bear with me for a moment."(잠시만 참아주세요.) 상점 등에서 서비스를 하는 직원이 잠시 기다려 달라고 할 때 이렇게 말하죠.

/ / /

작품에 대하여

이 책의 주인공은 들쥐 프리스비 부인이에요. 아들 티모시가 병들자 부인은 국립정신건강연구소(NIMH)에서 탈출한 지능이 향상된 쥐 무리의 도움을 받아 인간 세계에서 벗어나 독립적인 삶을 추구하려고 하죠. 오늘의 문장은 연구소에 갇혀 살던 쥐들이 과거를 떠올리며 하는 말이에요. 어딘가 또는 누군가에 갇혀 살아본 적이 없는 우리는 자유의 소중함을 몰라요. 하지만 소설은 체험해보지 못한 것을 간접 경험하게 해주죠. 오늘의 문장을 통해 자유의 의미를 새겨보았으면 해요.

Day 49

Change your ways when fear seizes, for it usually means you are doing something wrong.

_*Julie of the Wolves* by Jean Craighead George

두려움이 밀려오면 방식을 바꾸렴. 그럴 때는 대개 무언가를 잘못하고 있다는 뜻이니까.

_《줄리와 늑대》, 진 크레이그헤드 조지

Tip

fear 두려움, 공포 **seize** 사로잡다 **usually** 대개 **wolf** 늑대(wolves 늑대들)

Fear seize you라는 표현은 생생하지요? 이때 seize는 감정이나 생각이 갑자기 덮쳐온다는 의미로 쓰였어요. 마치 두려움에 기다란 발톱이 달려서 사람을 확 낚아채는 느낌이 들지 않나요? fear 외에 panic이나 anger, guilt(죄책감)도 사람을 seize한다고 써요. She was seized by guilt after she told a lie.(그녀는 거짓말을 한 뒤 죄책감에 사로잡혔다.) 이렇게 수동태로도 자주 씁니다.

/ / /

작품에 대하여

이누이트 소녀 미약스(영어 이름 줄리)는 원치 않은 결혼에서 도망치다 알래스카 툰드라에서 길을 잃어요. 굶주림과 외로움에 시달리던 줄리는 늑대 무리를 만나고, 우두머리인 아마록에게 받아들여지며 알래스카 황야에서 살아남지요. 오늘의 문장은 혼자 헤매던 줄리가 어릴 적 아버지가 해준 말을 떠올리는 중에 나오는 구절이에요. 두려움은 우리의 생존 본능이 보내오는 경고예요. 무엇을 조심해야 할지 잘 살펴보고, 두려움에 먹혀서 이성이 마비되어 엉뚱한 행동을 하지 않도록 해요.

Day 50

Sometimes you must seem to hurt something in order to do good for it.

_ *The Grey King* by Susan Cooper

때로 누군가를 위해 좋은 일을 하려면 겉으로는 상처를 주는 것처럼 보여야만 할 때도 있어.

_《그레이 킹》, 수잔 쿠퍼

Tip

seem 보이다 **hurt** 상처주다, 다치게 하다 **in order to** ~ 하기 위해
do good 도움이 되다, 이롭게 하다 **grey** 회색의

Seem은 '~처럼 보이다'라는 뜻이에요. 특이하게 뒤에 형용사도 올 수 있고, to 부정사도 올 수 있어요. It seems fishy.(의심스러운 것 같은데.)라고도 쓸 수 있고, He seems to take interest in dramas.(그는 드라마에 관심을 가지게 된 것 같아.)라고도 쓸 수 있어요. 참고로 'seem like +명사' 꼴로도 종종 쓰입니다. '~처럼 보이다'라는 뜻이에요. It seems like a good idea.(좋은 생각인 것 같아.)

/ / /

작품에 대하여

《어둠이 떠오른다(*The Dark Is Rising*)》 시리즈 중 네 번째 책인 이 작품의 주인공은 윌 스탠턴이에요. 윌은 몸이 아파 웨일즈 시골로 요양을 떠나요. 그곳에서 만난 농부가 가지치기를 하는 모습을 보고, 나무가 아플 텐데 왜 가지치기를 하냐고 묻지요. 그 말에 대한 농부의 대답이 오늘의 문장이에요. 나무 입장에서는 가지를 쳐내는 것이 아픈 일이겠지만 실은 더 단단하고 건강하게 자라기 위함이라는 거죠. 성장통을 겪으며 성장하는 우리에게 꼭 필요한 말이에요. 가지치기를 통해 우리는 성장하니까요.

Day 51

It's tough out there, boy, and as long as there are people, there's gonna be somebody trying to take what you got and trying to drag you down. It's up to you whether you let them or not.

_*Roll of Thunder, Hear My Cry* by Mildred D. Taylor

세상은 험하단다, 얘야. 사람들이 있는 한 누군가는 네가 가진 걸 빼앗으려 할 거고 널 끌어내리려고 할 거야. 그들이 그럴 수 있게 하느냐 마느냐는 너한테 달려 있어.

_《천둥아, 내 외침을 들어라!》, 밀드레드 테일러

Tip

tough 거친, 힘든 **as long as** ~ 하는 한 **drag down** 끌어내리다 **up to ~** ~에게 달린
thunder 천둥 **cry** 외침

Out there는 여기가 아니라 저기라서 먼 곳으로 느껴지지요? 집과 가족을 벗어난 세상을 오늘의 문장에서 out there라고 표현하고 있어요. 결국 in here가 강하면 out there에서도 이겨낼 수 있을 거예요. "It's cold in here.(여기 안이 춥네.)"와 같이 객관적인 상황에 대해서 말할 때도 in here를 쓰지만 우리 내면도 in here니까요.

/ /

작품에 대하여

1930년 미국 남부 미시시피 주를 배경한 이 책은 흑인 소녀 캐시가 차별과 불의에 맞서 가족과 함께 역경을 이겨 나가는 내용을 담고 있어요. 오늘의 문장은 삼촌 해머가 캐시의 오빠 스테이스에게 해주는 말이에요. 세상이 냉혹할 수 있다는 사실을 어린이들이 아는 게 좋을지 아닐지를 두고 말이 많지만, 모 윌렘스의 말처럼 어린이들은 이미 어른들이 생각하는 것보다 더 많이 알고 있어요. 세상에서 어떤 대접을 받을지는 본인에게 달렸다고 솔직하게 말해주는 것이 어른의 역할 아닐까 싶어요.

Day 52

And remember, as we used to say, that life is like a pudding: it takes both the salt and the sugar to make a really good one.

_*A Gathering of Days: A New England Girl's Journal* by Joan W. Blos

그리고 명심하렴. 말했던 것처럼 인생은 푸딩 같단다. 정말 좋은 푸딩을 만들려면 소금과 설탕, 둘 다 필요해.

_《*A Gathering of Days: A New England Girl's Journal*》, 조안 W. 블로스

Tip

remember 명심하다, 기억하다 **pudding** 푸딩 **take** 필요하다 **gathering** 모임, 모음

Life is like a pudding도 비유예요. She is like an angel.(그 여자는 천사 같아요.), The dish tastes like trash.(그 요리는 쓰레기 같은 맛이 나요.)처럼 쓸 수 있어요. What is it like? 라고 물어보면 it의 모양과 성질을 다 물어보는 게 돼요. What's your new teacher like? (새로 온 선생님은 어때?) 처럼요.

/ / /

작품에 대하여

이 책은 1930~1932년 미국 뉴햄프셔 주를 배경으로 열세 살 소녀 캐서린이 자신의 삶을 일기 형식으로 적은 글이에요. 어머니의 죽음, 도망 노예, 아버지의 재혼, 친구의 죽음 등을 겪으며 느꼈던 일을 할머니가 되어서 증손녀에게 들려주는 형식이지요. 오늘의 문장 역시 증손녀에게 하는 말이에요. 푸딩 만드는 법은 손에서 손으로 전해지는데요. 할머니가 엄마에게, 그리고 엄마가 딸에게 전해주는 요리법처럼 엄마의 엄마의 엄마가 살면서 깨달은 점을 들려주는 일은 정말이지 멋지지 않나요?

Day 53

If you could hold your nose to avoid a stink, or close your eyes to cut out a sight, why not shut off your brain to avoid a thought?

_*Jacob Have I Loved* by Katherine Paterson

냄새를 피하기 위해 코를 막거나 어떤 모습을 보지 않기 위해 눈을 감을 수 있다면 왜 생각을 피하려고 머리를 꺼버릴 수는 없는 걸까?

_《내가 사랑한 야곱》, 캐서린 패터슨

Tip

hold 쥐다, 잡다 **stink** 악취 **cut out** 제거하다, 없애다 **sight** 광경
shut off 끄다, 차단하다 **brain** 뇌

Shut off는 기계 등을 '끄다' 라는 의미도 있고, 어떤 흐름 등을 '차단하다' 라는 뜻도 가지고 있으며, 관계나 감정을 '끊다' 의 의미도 있어요. 그래서 shut off the power/water(전기/수돗물을 끊다), shut off the street(길을 막다)처럼 써요. turn off가 '스위치를 꺼서 잠시 끊는다' 라는 뜻인 반면에 shut off는 아예 '공급을 차단해서 끊다' 라는 뜻이에요.

/ / /

작품에 대하여

1940년대 후반 미국 매릴랜드 주 근처의 작은 섬마을 라스에 사는 쌍둥이 소녀 루이스와 캐롤라인이 주인공인 작품이에요. 재능이 뛰어난 캐롤라인에게 루이스가 느끼는 질투, 소외감, 혼란을 잘 표현했지요. 친구 사이에서는 물론 형제자매에게 질투를 느끼는 건 자연스러운 일이에요. 하지만 질투를 느끼는 것과 행동으로 옮기는 것은 전혀 다른 이야기랍니다. 다시 말해 질투는 변명이 될 수 없고, 감정이 삶의 주인이 되어서도 안 돼요. 이 책에서 루이스는 자신의 삶과 자기감정의 주인이 되어 멋지게 섬을 떠난답니다.

Day 54

Whenever I watch the waves, I always feel that no matter how bad things seem, life will still go on.

_*Dear Mr. Henshaw* by Beverly Cleary

파도를 볼 때마다 아무리 힘든 일이 있어도 결국 삶은 계속된다고 항상 생각한다.

_《헨쇼 선생님께》, 비벌리 클리어리

Tip

watch 지켜보다 **wave** 파도 **no matter how** 아무리 ~ 한다 해도 **go on** 계속되다

No matter how 다음에는 형용사나 부사가 오고, 그 다음에 주어와 동사가 와요. '아무리 ~한다 할지라도' 라고 해석하고요. No matter how young she looked, she couldn't hide her middle-aged voice.(아무리 젊어 보인다고 해도 그 여자는 중년의 목소리는 감출 수 없었다.)처럼 쓰면 됩니다.

/ / /

작품에 대하여

부모님의 이혼과 이사 후 리(Leigh)는 작가 헨쇼와 편지를 주고받으며 성장해 가요. 오늘의 문장은 리가 엄마와 바닷가에서 식사를 하던 밤, 힘든 감정을 털어놓자 엄마가 리에게 해주는 말이에요. 리는 힘들 때 힘들다고 편지로 호소하고, 말로 엄마에게 말할 줄 알아요. 힘들 때 문제를 끌어안고 있는 건 별 도움이 안 돼요. 친구도 좋겠지만 가끔은 또래 그룹에서 벗어나 다른 사람과 의사소통하는 용기도 필요하답니다. 믿을 만한 멘토가 있다는 건 큰 행운이니까요.

Day 55

Saying hello to something new means saying good-bye to something old and loved.

_ *Shiloh* by Phyllis Reynolds Naylor

새로운 것에 인사한다는 것은 오랫동안 사랑했던 옛것에 작별을 고한다는 뜻이야.

_《샤일로》, 필리스 레이놀즈 네일러

Tip

hello 안녕 **good-bye** 안녕(헤어질 때)

Say hello to, say good-bye to 이외에 같은 형식의 표현들이 여러 개 있어요. say thanks to~는 '~에게 감사하다', say sorry to~는 '~에게 사과하다', say congrats to~는 '~에게 축하하다', say cheers to~는 '~에게 건배하다', say no to는 '~을 거절하다', say yes to~는 '~에 찬성하다' 라는 의미입니다.

/ / /

작품에 대하여

열한 살 소년 마티는 사냥꾼 주드에게 학대 받는 강아지 샤일로를 집으로 데려와 몰래 돌봐요. 오늘의 문장은 샤일로를 처음 만나 품에 안으면서 이후 자신이 변하게 될 것을 깨달으며 하는 말입니다. Hello는 만날 때, good-bye는 헤어질 때 하는 흔한 인사말이에요. 이걸로 무언가를 처음 만나고 또 무언가와 헤어진다는 것을 비유적으로 표현했어요. 마티는 샤일로를 몰래 숨겨주는 일에 큰 어려움과 갈등이 있을 거라는 걸 알아요. 이를 알면서도 샤일로를 돕는 것은 이후에 일어날 일에 책임을 지겠다는 마음가짐이지요.

Day 56

You can't keep the birds of sadness from flying over your head, but you can keep them from nesting in your hair.

_ *Walk Two Moons* by Sharon Creech

슬픔이라는 새가 머리 위를 날아다니는 건 막을 수 없지만, 이 새들이 머리카락에 둥지를 짓는 건 막을 수 있다.

_《두 개의 달 위를 걷다》, 샤론 크리치

Tip

keep something from ~ing 무엇이 ~하는 것을 막다 **nest** 둥지를 짓다

Keep 동사가 '간직하다', '유지하다' 라는 뜻 외에 '막다', '못하게 하다' 라는 뜻으로 쓰이는 특이한 용법이에요. prevent 동사도 같은 뜻인데 일상 영어에서는 keep 동사가 더 많이 쓰인답니다.

/ / /

작품에 대하여

집을 떠난 엄마를 둔 열세 살 소녀 샐라망카. 알고 보니 엄마는 사고로 세상을 떠난 거였어요. 하지만 샐라망카는 이를 받아들이기를 거부하죠. 이후 할머니, 할아버지와 여행을 떠나며 샐라망카는 엄마의 죽음을 받아들입니다. 오늘의 문장은 엄마가 없어지고 얼마 되지 않았을 때 샐라망카의 집 앞에 누군가 익명으로 놓고 간 쪽지에 있던 메시지예요. 누군가를 잃으면 슬퍼할 만큼 슬퍼해야 다시 일어설 수 있어요. 그러니 슬픔을 너무 참지 않기로 해요. 슬플 땐 충분히 슬퍼하세요.

Day 57

Just because you don't know everything don't mean you know nothing.

_ *The Midwife's Apprentice* by Karen Cushman

단지 전부를 아는 게 아니라고 해서 아무것도 아는 게 없는 건 아니야.

_《서툴러도 괜찮아》, 카렌 쿠시맨

Tip

everything 모든 것, 전부 **apprentice** 도제, 견습

Not이 everything과 같이 전부를 뜻하는 말과 함께 쓰이면 일부를 부정하는 의미가 돼요. 이 구절의 뜻은 '일부는 알지만 일부는 모른다'가 되는 거죠. 예를 들면 Not every Korean likes spicy food.(모든 한국 사람이 매운 음식을 좋아하는 건 아니에요.)처럼요. 매운 음식을 좋아하지 않는 한국인도 있다는 의미입니다.

/ / /

작품에 대하여

영국 거리를 떠돌던 고아 소녀 알리스가 산파의 조수가 되면서 벌어지는 이야기예요. 실수도 잦고 좌절도 많이 하지만 점점 지식과 기술이 늘면서 알리스는 자기 자리를 찾아가지요. 오늘의 문장은 이웃의 농부 윌 러셋이 실수 후 힘들어하는 알리스에게 해주는 말이에요. 어린이는 어른에 비해 아는 게 적을 수 있어요. 그렇다고 아는 게 없는 건 아니에요. 어른이라고 해서 모든 걸 다 아는 것도 아니고요. 그러니 실수 한 번에 너무 주눅 들지 마세요. 우리는 모두 실수하면서 성장하니까요.

Day 58

Sometimes we even have to risk making fools of ourselves.

_*The Midwife's Apprentice* by E.L. Konigsburg

가끔 우리는 바보가 되는 위험을 감수해야 해.

_《퀴즈 왕들의 비밀》, E.L. 코닉스버그

Tip

risk 위험을 감수하다 **make fool of** ~를 바보로 만들다, 바보짓을 하다

Fool이라는 말은 어느 언어권에나 있어요. 한국에서는 '바보'라고 하지요. 하지만 이 말은 가능하면 쓰지 않는 게 좋아요. 발달 장애를 가진 사람에게 모욕적으로 들릴 수 있거든요. 그보다는 상황에 따라 silly(어리석은)나 naive(순진한), clueless(멍청한), unwise(현명하지 못한)처럼 비하의 뉘앙스가 덜한 단어를 선택하는 것이 좋아요.

/ /

작품에 대하여

미국 뉴욕 주의 작은 도시 이피퍼니의 같은 반 학생 네 명, 노아와 나디아, 에탄, 그리고 줄리안. 이 넷이 한 팀이 되어 아카데미 볼(Academic Bwol)이라는 퀴즈 대회에 나가는 이야기를 담은 작품이에요. 오늘의 문장은 팀을 지도하는 에바 마리 올린스키 선생님이 하는 말이고요. 실수를 두려워하는 아이들에게 용기를 북돋아 주고 있어요. 실수를 가장 오래 기억하는 사람은 바로 자기 자신이에요. 실수 좀 하면 어때요. 바보처럼 보이면 어때요. 그 실수를 내가 가장 오래 기억할 필요는 없다고요.

Day 59

When you spend your whole life living in a hole, the only way you can go is up.

_*Holes* by Louis Sachar

평생을 구덩이 안에서 살면 갈 곳은 오로지 위밖에 없어.

_《구덩이》, 루이스 새커

Tip

spend 보내다, 쓰다 **hole** 구덩이, 구멍

Only 앞에는 반드시 the를 써요. 이렇게 정관사 the를 꼭 쓰는 단어들이 몇 개 있어요. the same, the first, the best 등이 그래요. the first는 첫째, 둘째와 같은 서수인데 서수 앞에는 the를 붙여서 그래요. 최상급인 best 앞에도 the를 붙여야 해서 붙인 거지요. all에도 the가 오는데, 특이하게도 관사를 뒤로 보내는 형용사예요. 그래서 all the world, all the people처럼 쓰지요.

작품에 대하여

대대로 저주받은 집안에서 태어난 주인공 스탠리. 우연히 누군가의 신발을 주웠다가 누명을 쓰고 사막에 있는 소년원 '캠프 그린 레이크'로 보내져요. 이곳에서 소년들은 매일 구덩이를 하나씩 파야 해요. 스탠리는 여기서 만난 친구 제로와 소년원을 탈출하고, 집안의 저주와 캠프에서 구덩이를 파는 비밀을 파헤치게 됩니다. 오늘의 문장은 탈출하는 동안 지친 스탠리에게 제로가 해준 말이에요. 구덩이에 갇힌 것 같은 느낌이 들 때 위쪽은 트여 있다는 사실을 알면 아무리 힘든 상황에서도 희망이 생기지요.

Day 60

We are afraid of the things we do not know—just because we do not know them.

_*A Single Shard* by Linda Sue Park

우리는 모르는 것들을 두려워한다. 단지 모르기 때문이다.

_《사금파리 한 조각》, 린다 수 박

Tip

afraid 두려워하는 **single** 단일한, 하나의 **shard** 깨진 조각, 파편

무언가 한 가지를 두려워한다고 할 때는 afraid of를 써요. 하지만 누군가 혹은 무엇이 무엇을 할까 두려워한다고 할 때는 afraid that ~을 써서 표현해요. I'm afraid that it will rain on our picnic day.(우리 소풍날에 비가 올까봐 걱정이야). 이때 that은 의미는 없고 역할만 있기 때문에 생략 가능해요.

/ / /

작품에 대하여

장애가 있는 친구 두루미와 다리 밑에 살던 목이는 천재 도공 민의 집에 들어가 일하게 되고, 민의 도자기를 수도인 송도로 가져가는 임무를 받아요. 하지만 중간에 강도를 당해 사금파리 한 조각만 든 채 송도에 도착하지요. 그러나 민은 이 조각 하나로 기술을 인정받아 왕실 도공이 되고, 목이는 민 가족의 일원이 됩니다. 오늘의 문장은 목이가 송도로 가던 중 스스로에게 하는 말이에요. 무언가 두려울 때는 곰곰 생각해보세요. 왜, 그리고 무엇이 두려운지를. 무엇이 왜 두려운지 알면 두려움이 많이 줄겠지요?

Day 61

And even if you carry a survival kit around with you at all times, it won't guarantee you'll survive. No kit in the world can protect you from all the possible bad things.

_*The Higher Power of Lucky* by Susan Patron

생존용 키트를 항상 지니고 다닌다고 해도, 생존을 보장하지는 않아. 세상에 어떤 키트도 일어날 수 있는 모든 나쁜 일에서 지켜줄 순 없어.

_《희망을 찾는 아이, 러키》, 수전 페이트런

Tip

carry 나르다, 지니고 다니다 **survival kit** 생존 키트 **at all times** 항상, 늘
guarantee 보장하다 **survive** 생존하다 **protect** 보호하다

Carry는 크게 두 가지 뜻으로 쓰여요. 먼저 '짐을 나르다'라는 뜻이에요. He carried the boxes upstairs.(그는 박스를 위층으로 날랐어요.) 다른 하나는 '무언가를 지니고 다니다', '휴대하다'의 뜻이에요. She always carries her phone in her bag.(그녀는 항상 가방에 휴대폰을 가지고 다닌다.) 특히 '휴대하고 다니다'라는 의미로는 carry a backpack이나 carry an umbrella처럼 자주 써요. 오늘의 문장에서는 'with +사람' 구조가 함께 나오면서 '휴대하다', '지니고 다니다'라는 뉘앙스가 더 잘 드러났네요.

/ / /

작품에 대하여

캘리포니아 작은 사막 마을에 사는 열 살 소녀 러키. 엄마가 사고로 죽은 뒤 러키는 브리짓이라는 보호자와 지내지만 브리짓 역시 프랑스로 돌아가게 될지 몰라요. 이에 불안과 두려움을 느낀 러키는 생존 배낭을 들고 사막으로 가출하지요. 이 모험에서 여러 사람을 만나며 러키는 결국 내면의 힘(the higher power)을 되찾고 일상으로 돌아와요. 오늘의 문장은 생존 배낭을 들고 다니는 러키가 두려움을 내려놓는 과정을 잘 보여줍니다.

Day 62

You're always you, and that don't change, and you're always changing, and there's nothing you can do about it.

_ *The Graveyard Book* by Neil Gaiman

너는 언제나 너야. 그건 변하지 않아. 너는 항상 변하고 있어. 그리고 그건 어쩔 수 없는 일이지.

_《*The Graveyard Book*》, 닐 게이먼

Tip

change 변하다 **do something about** ~에 조치를 취하다 **graveyard** 묘지

You are always changing. 이 문장에서는 왜 you always change라고 하지 않았을까요? 현재진행형이 다른 의미가 있기 때문이에요. 단순현재로 쓸 수 있는 말을 이렇게 현재진행형으로 쓸 때는 크게 두 가지 뜻이 있어요. 하나는 강조이고, 다른 하나는 불평불만을 말할 때죠. 여기서는 강조하느라 현재진행형으로 쓴 거예요. 불평불만을 말할 때는 이렇게 쓰면 돼요. He is always complaining about food!(걔는 만날 음식 타박을 해!) 이렇게 현재진행형에 always가 붙으면 '짜증나게 계속 그런다'라는 뉘앙스가 생겨요.

/ / /

작품에 대하여

이 책은 18개월에 가족들이 살해당한 후 묘지로 도망쳐 유령들 손에서 자란 소년 보드의 이야기예요. 보드는 유령과 늑대인간, 뱀파이어 등 신비롭고 위험한 세계에서 자라나 가족을 죽이고 자신 또한 찾아내 죽이려 쫓아다니는 잭과 그 무리들과 싸워 결국 이겨요. 오늘의 문장은 할머니 유령이 보드가 묘지를 떠나 세상으로 나가려 할 때 해주는 말이에요. 내가 나라는 사실은 변하지 않아요. 하지만 사람은 언제나 변해요. 늘 변하지만 그럼에도 변치 않고 늘 나를 이루는 것은 무엇인지 생각해보세요.

Day 63

Memories were like sunshine. They warmed you up and left a pleasant glow, but you couldn't hold them.

_ *Moon over Manifest* by Clare Vanderpool

추억은 햇살과 같아. 따뜻하게 해주고 즐거운 광채를 남기지만 잡을 수는 없어.

_《매니페스트의 푸른 달빛》, 클레어 밴더풀

Tip

memory 기억, 추억 **sunshine** 햇살, 햇볕 **warm up** 덥히다, 따뜻하게 하다 **leave** 남기다 **pleasant** 즐거운, 유쾌한 **glow** 은은한 광채

Warm someone up은 '누군가를 따뜻하게 해주다'라는 뜻이에요. 겨울에는 특히 something to warm you up(몸을 따뜻하게 해주는 것)이 필요하지요. 예를 들면 따뜻한 차 한 잔이나 따뜻한 장갑처럼요. 또 계속 따뜻하려면 bundle up(옷을 꽁꽁 싸매어 입다) 해야 해요. 그래야 keep warm(따뜻함을 유지하다)할 수 있답니다.

/ / /

작품에 대하여

대공황 시기, 미국 캔자스 주의 작은 도시 매니페스트에 보내진 열두 살 소녀 애빌린의 이야기를 담은 작품이에요. 과거 아버지가 잠시 살았던 이 동네에서 애빌린은 친구들과 스파이 찾기에 나서요. 그런 애빌린과 1차 세계대전 시절의 이야기가 교차되면서 아버지의 과거와 마을의 비밀을 알게 되지요. 오늘의 문장은 애빌린이 혼자 과거를 회상하며 하는 말이에요. 우리는 모든 순간을 기억할 수 없지만 몇몇 순간은 평생 기억해요. 그 순간들을 만들며 지금을 살아가는 일이 중요하죠.

Day 64

Don't ever go to war. Even if you win, the battle is never over inside you.

_*Dead End in Norvelt* by Jack Gantos

절대 전쟁터에 가지 마. 이긴다고 해도 내면의 전투는 절대 끝나지 않아.

_《노벨트에서 평범한 건 없어》, 잭 갠토스

Tip

war 전쟁 **win** 이기다 **battle** 전투 **be over** 끝나다 **dead end** 막다른 길

Ever는 부정문에 쓰이면 강조의 뜻이 돼요. Never ever ever ever ever open the box.(절대로 절대로 절대로 절대로 상자를 열지 마.)처럼요. 앞의 never가 뒤에 오는 ever들을 전부 부정하면서 힘을 실어주는 거죠. 원래도 "절대 열지 마."라는 뜻이지만 ever가 여러 번 반복되면서 듣는 사람에게 훨씬 강하고 절박한 뉘앙스를 전달할 수 있어요. 일상 대화에서도 강조할 때 ever를 자주 쓰지요. Don't ever touch my phone.(절대로 내 휴대폰 건드리지 마.), Nobody ever listens to me.(아무도 내 말을 제대로 들어주지 않아.)처럼요. 이렇게 쓰면 단순히 하지 말라는 의미가 아니라 "단 한 번도, 절대로 하지 마."라는 뉘앙스가 생겨요.

/ /

작품에 대하여

1962년 미국 펜실베이니아 주 노벨트 마을을 배경으로 열두 살 소년 잭이 여름 내내 웃기고 이상한 사건들을 겪으며 성장하는 이야기예요. 잭은 실수로 제2차 세계 대전 참전 용사였던 아버지의 소총을 발사하게 되는데, 오늘의 문장은 그때 아버지가 해준 말이에요. 전쟁을 경험한 사람들이 입은 정신적인 상처를 사람들이 제대로 알고 대처하기 시작한 지 얼마 되지 않았을 때의 이야기죠. 이전에도 전쟁에 나갔던 사람은 많았고, 이들이 겪은 고통은 무척 컸을 거예요. TV나 인터넷으로만 전쟁을 보고 전쟁이 게임 같다고 생각해서는 절대 안 돼요.

Day 65

Never let anyone lower your goals. Others' expectations of you are determined by their limitations of life. The sky is your limit, sons. Always shoot for the sun and you will shine.

_ *The Crossover* by Kwame Alexander

절대 누구도 네 목표를 낮추게 두지 마. 너에 대한 사람들의 기대는 그들의 삶의 한계로 결정되거든. 얘들아, 하늘이 네 한계야. 항상 태양을 향해 공을 던져. 그러면 넌 빛날 거야.

_《*The Crossover*》, 콰미 알렉산더

Tip

lower 낮추다 **goal** 목표 **expectation** 기대 **determine** 결정하다 **limitation** 한계 **limit** 한계 **shoot** (농구에서) 슛하다 **crossover** 크로스오버 드리블(농구 기술 중 하나)

Shoot for the sun!(태양을 향해 슛을 던져!)라는 표현은 목표를 아주 높이 잡고 그 목표를 향해 나아가라는 뜻이에요. 비슷한 표현으로 Hitch your wagon to a star.(네 마차를 별에 매어라.)가 있어요. 여기서 hitch는 말이 마차를 끌 수 있도록 마차를 말에 묶는다는 뜻이에요. 그런데 말 대신 별에 마차를 묶는다고 상상해 보세요. 마차가 저 높은 하늘까지 끌려 올라가겠지요? 바로 그 이미지처럼 별처럼 높고 이상적인 목표에 인생을 걸라는 의미예요.

/ / /

작품에 대하여

농구를 하는 열두 살 쌍둥이 형제 조시와 조던의 이야기를 시 형식으로 풀어낸 작품이에요. 형제 둘 다 농구 실력으로는 학교에서는 주목받지만 사춘기 고민과 첫사랑, 우정과 경쟁을 겪으며 고민이 많지요. 오늘의 문장은 전직 프로농구 선수였던 아버지가 두 아들을 향해 하는 말이에요. The sky is the limit. 이 말은 매우 유명한 관용구이기도 해요. '하늘이 한계라면 한계가 없다'라는 뜻이지요. 어떤 제약도 두지 말고 꿈을 펼치라고 할 때 많이 써요.

Day 66

Just because you don't see something doesn't mean it isn't there. Some of the most wonderful things in the world are invisible.

_ *The Girl Who Drank the Moon* by Kelly Barnhill

어떤 것이 보이지 않는다고 해서 존재하지 않는 건 아니야. 이 세상에서 가장 멋진 것들 중 몇몇은 보이지 않아.

_《달빛 마신 소녀》, 켈리 반힐

Tip

wonderful 멋진 **invisible** 보이지 않는

한국인들은 '세계에서 가장 높은'이나 '아시아에서 가장 큰' 같은 최상급 표현을 쓰는 걸 좋아해요. 하지만 영어에서는 이런 경우 'one of the 최상급 복수명사'의 꼴을 주로 써요. The Lotte Tower is one of the tallest buildings in Asia.(롯데타워는 아시아에서 가장 높은 빌딩 중 하나다.) 처럼요. 롯데타워가 진짜 '아시아에서 가장 높은 건물'이라고 해도 영어에서는 'one of the ~'라고 표현하는 게 훨씬 자연스럽습니다. 일종의 관용 표현이므로 그대로 따라 쓰는 게 좋아요.

/ / /

작품에 대하여

이 책에는 숲에 사는 착한 마녀 잰에게 입양되어 자란 루나가 등장해요. 마녀가 실수로 달빛을 먹이면서 루나는 마법을 가진 아이로 자라나지요. 사람들은 잰이 나쁜 마녀라 생각하지만 숲 밖의 보호국에 살아서 그렇지 사실은 나쁜 존재가 아니에요. 다행히도 루나는 마법의 힘을 키워 사람들을 구해냅니다. 오늘의 문장은 잰이 루나에게 주는 가르침 중 하나예요. 마법이 존재한다고 할 수는 없지만, 세상에는 우리 눈에 보이지 않아도 소중한 것들이 매우 많아요. 가슴에 물어보세요. 보이지 않지만 내게 소중한 것에 대해서요.

Day 67

Crying is good for the soul. It means something needs to be released. And if you don't release the something, it just weighs you down until you can hardly move.

_*Hello, Universe* by Erin Entrada Kelly

우는 건 영혼에 좋아. 그건 무언가를 풀어낼 필요가 있다는 뜻이거든. 그 무언가를 풀어내지 않으면 그게 널 짓눌러서 거의 움직일 수 없게 될 거야.

_《안녕, 우주》, 에린 엔트라다 켈리

Tip

soul 영혼 **release** 풀어주다 **weigh down** (무게로) 내리누르다 **hardly** 거의 ~ 않다

Hard와 hardly는 달라요. hard는 '열심히'라는 뜻의 부사로 자주 쓰여요. He studies hard every day.(그는 매일 열심히 공부해요.)처럼요. 형용사로도 쓰여서 '어려운', '딱딱한' 같은 뜻이 돼요. This exam is very hard.(이 시험은 아주 어려워요.)나 The floor is hard.(바닥이 딱딱해요.)처럼요. 반면에 hardly는 의미가 완전히 달라서 '거의 ~하지 않는다'라는 부정적인 의미를 가져요. He hardly studies English.(그는 영어 공부를 거의 안 해요.), I can hardly hear you.(네 말이 거의 안 들려.)처럼 쓰이지요. 정리하면 hard는 긍정적인 의미로 '열심히'를 강조하는 말이고, hardly는 부정적인 의미로 '거의 ~이 아니다'라는 뜻이에요.

/ / /

작품에 대하여

내성적인 열한 살 소년 버질. 자연과 동물을 사랑하는 청각 장애 소녀 발렌시아와 미래를 내다보는 카오리가 버질의 친구이지요. 버질은 어느 날 못된 골목대장 쳇 불런스 때문에 우물에 빠지고 말아요. 이에 친구들은 버질을 찾으러 나서지요. 오늘의 문장은 우물에 갇힌 주인공에게 나타난 상상 속의 인물 루비가 버질에게 해주는 말이에요. 모든 감정을 다 표현할 필요는 없지만 감정을 억누르는 건 좋지 않아요. 가장 좋은 건 감정을 분출하거나 서투르게 쏟아내지 않고 잘 내보내는 거예요.

Day 68

This is how healing starts–small bits of happiness waking up inside you, until maybe one day it spreads through your whole self.

_ *When You Trap a Tiger* by Tae Keller

치유는 이렇게 시작돼. 작은 행복의 조각들이 내면에서 깨어나서는 어느 날 존재 전체로 퍼지는 거지.

_《호랑이를 덫에 가두면》, 태 켈러

Tip

heal 치유하다 **bit** 조각 **spread** 퍼지다 **whole** 전체의, 온전한

How는 무언가를 하는 방법을 말할 때 써요. This is how I cook pasta.(이게 내가 파스타를 요리하는 방법이에요.)처럼요. how 대신 the way를 써도 의미는 같아요. This is the way I cook pasta. 다만 차이가 조금 있어요. how는 상대적으로 짧고 자연스럽게 쓰이고, the way는 좀 더 강조하거나 글말체에 가까운 느낌이지요. 둘 다 써도 되지만 대화할 때는 how를 더 많이 쓴답니다.

/ / /

작품에 대하여

할머니의 건강이 악화되자 릴리 가족은 캘리포니아에서 워싱턴 주의 작은 마을로 이사해요. 그리고 릴리는 집 근처 도로에서 호랑이의 환영을 보게 되죠. 할머니는 과거에 호랑이에게서 무언가를 훔쳤고, 호랑이는 이를 돌려받으러 온 거였어요. 오늘의 문장은 할머니가 돌아가신 뒤 큰 슬픔에 젖어 있던 릴리가 떨치고 일어나며 스스로에게 하는 말이에요. 살다 보면 상처를 입게 돼요. 그럴 때는 한동안 웅크리고 있어도 돼요. 그리고 천천히 마음이 햇빛을 향해 움직이는 걸 느껴봐요. 그러면 어느새 온몸으로 살아 있는 기쁨을 느낄 수 있을 거예요.

Day 69

Each story, each person is different. Messy sometimes. But colorful, mismatched, and beautiful.

_ *The Last Cuentista* by Donna Barba Higuera

각각의 이야기, 각각의 사람은 달라. 때론 엉망진창이지. 하지만 다채롭고, 부조화스럽고, 아름다워.

_《마지막 이야기 전달자》, 도나 바르바 이게라

Tip

different 다른 **messy** 엉망진창인, 뒤죽박죽인 **colorful** 다채로운
mismatched 맞지 않는, 부조화스러운 **last** 마지막의 **cuentista** (스페인어) 이야기꾼

'내 방이 지저분해요'라고 할 때는 messy라고 해요. 물건을 제자리에 두지 않아 엉망진창일 때 써요. 때나 오염물이 묻었을 때는 dirty라 하고요. messy는 명사형인 a mess로도 써서 My room is a big mess.라고도 해요. 머리에 까치집이 생긴 경우에도 쓸 수 있어요. My hair is a mess.

/ / /

작품에 대하여

멕시코계 미국 소녀 페트라는 가족과 함께 동면 상태로 멸망해가는 지구를 떠나 우주로 갑니다. 오랜 동면 끝에 깨어난 새로운 사회는 탑승자들의 기억을 조작한 '콜렉티브'가 다스리고 있어요. 페트라만이 지구의 기억, 가족과 전통에 대한 기억을 기억하고 있지요. 페트라는 콜렉티브의 독재에 맞서 싸우며 아이들에게 이야기를 전해요. 오늘의 문장은 페트라가 혼자 하는 생각이에요. 사람은 단순한 존재가 아니에요. 왜 사는지, 어떻게 살아야 할지 항상 의미를 생각하지요. 여러분만의 의미를 만들어보세요.

Day 70

Every reasonable creature knows that the worst thing any creature can do all day is think of themselves.

_ *The Eyes and the Impossible* by Dave Eggers

이성적인 존재라면 다 알아. 하루 종일 어떤 존재가 할 수 있는 최악의 일은 자기 자신만을 생각하는 것이라는 사실을.

_《눈과 보이지 않는》, 데이브 에거스

Tip

reasonable 이성적인, 합리적인 **creature** 존재, 피조물 **worst** 최악의
think of ~에 대해 생각하다

Reason에는 '이유'라는 뜻도 있지만 '이성'이라는 뜻도 있어요. 동사로 쓰이면 '이치를 따지다'라는 뜻이 돼요. Don't try to reason with me about the rules.(규칙을 갖고 나에게 따지려고 들지 마.)처럼요. 그래서 reasonable은 '이성을 가지고 따져볼 만한'이라는 뜻에서 '합리적인' 그리고 '이성적인'으로 이해하면 좋아요.

/ / /

작품에 대하여

요하네스는 공원을 돌아다니며 공원의 동태와 변화를 '노쇠한 들소'에게 보고하는 "눈"의 역할을 하는 '개'입니다. 인간들은 요하네스와 동물들이 사는 이 공원에 개입하려 하고 질서를 깨려 하지요. 하지만 요하네스와 친구들은 힘을 합쳐 공원을 지켜내고, 진정한 자유를 찾아 섬 밖으로 나가게 됩니다. 사람에게는 이기적인 면도 있지만 남을 생각하고 아끼는 이타적인 마음도 있어요. 이타적인 마음으로 서로를 대해야 더불어 살기 좋은 세상이 돼요. 양보하고 배려하는 마음으로 사람과 동물을 대하며 살아요.

Day 71

Trust me, you're better off not worrying about the future. Focus on the here and now. That's what I'm doing.

_ *The First State of Being* by Erin Entrada Kelly

날 믿어. 미래에 대해 걱정을 말아야 더 잘살아. 여기 지금에 집중해. 그게 내가 지금 하고 있는 일이야.

_《오늘이 내일을 데려올 거야》, 에린 엔트라다 켈리

Tip

trust 믿다, 신뢰하다 **be better off** 더 잘살다 **worry** 걱정하다 **future** 미래
focus on ~에 집중하다 **state** 상태 **state of being** ~한 상태

Here and now는 '지금 여기'를 말해요. 현재를 다르게 말하면 바로 '지금 여기'이지요. 반대말은 there and then이에요. '그때 거기'가 되겠네요. 거리가 있는 공간과 시간을 나타날 때 there and then이라고 해요. 멀리 가면 혹은 시간이 지나면 저절로 행복해질 거라는 기대는 오산이에요. 현재가 쌓이고 쌓여 미래가 되니까요.

/ / /

작품에 대하여

외로움과 불안, 아버지의 죽음으로 고민하는 열두 살 소년 마이클은 우연히 컴퓨터를 통해 1970년대에서 온 소년 리지와 친구가 돼요. 여기서 first state는 바로 '지금 이 순간'을 의미하죠. 리지는 마이클에게 바로 이 '현재'에 집중하라고 말합니다. 세상에서 가장 어리석은 일은 과거를 후회하고 미래를 걱정하며 현재를 낭비하는 거예요. 지금 이 순간을 열심히 사는 게 가장 중요하지요. 현실이 괴로울 수 있어요. 하지만 지금 열심히 살지 않으면 오늘은 더 나은 내일을 데려오지 못해요.

Day 72

It was like looking at a knot, knowing it was a knot, but not knowing how to untie it. I had no map for this life.

_ *Chains* by Laurie Halse Anderson

이건 매듭을 보는 것과 같았다. 매듭이라는 건 아는데 어떻게 푸는지는 몰랐다. 이번 생을 위한 지도는 내게 없었다.

_《*Chains*》, 로리 할스 앤더슨

Tip

look at 보다 **knot** 매듭 **untie** 풀다 **map** 지도

Tie(묶다)에 un-을 더해 반대말 untie(풀다)를 만드는 용례는 흔해요. lock(잠그다)-unlock(열다), fold (접다)-unfold(펼치다), cover(덮다)-uncover(드러내다)처럼요. 원래는 없는 용법인데 만들어서 쓰기도 하고요. 요즘 자주 쓰는 "안 본 눈 사요."라는 말을 하고 싶을 때는 "I can't unsee it now!(한번 보고 나니 머릿속에서 지워지지 않아.)"라고 쓰면 되지요.

/ / /

작품에 대하여

미국 독립전쟁 당시 뉴욕을 배경으로 자유를 꿈꾸는 열세 살 흑인 소녀 이사벨과 동생 루스의 이야기를 담은 작품이에요. 자매의 주인이 죽으면서 둘에게 자유를 주라는 유언을 남기지만 지켜지지 않고 자매는 다시 노예로 팔려가요. 하지만 이사벨은 결국 자유를 찾아 탈출하지요. 오늘의 문장은 로크턴 부부의 집에 팔려와 지하에 머물며 느낀 고통 속에서 이사벨이 혼자 하는 생각이에요. 모든 이의 삶에는 풀 수 없는 매듭과 같은 일이 찾아와요. 하지만 풀 수 없는 매듭은 없어요. 잘라버리는 것도 하나의 방법이지요.

Day 73

The way I see it, hard times aren't only about money, or drought, or dust. Hard times are about losing spirit, and hope, and what happens when dreams dry up.

_*Out of the Dust* by Karen Hesse

내가 보기에 힘든 시절이란 단지 돈이나 가뭄이나 먼지 때문만은 아니다. 힘든 시절이라는 건 기력과 희망을 잃는 일이고, 꿈이 말라버렸을 때 일어나는 일들이다.

_《황사를 벗어나서》, 캐런 헤스

Tip

hard times 힘든 시절 **dust** 먼지 **drought** 가뭄 **spirit** 정신, 기력 **dry up** 말라붙다

Dust Bowl은 1930년대 미국에서 실제로 일어났던 엄청난 먼지 폭풍과 가뭄을 가리키는 말이에요. dust(먼지)와 bowl(그릇)이 합쳐진 표현으로, 대평원이 마치 먼지로 가득 찬 그릇처럼 보일 정도였다는 데서 이런 이름이 붙었죠. 당시 미국 중서부 지역은 과도한 농사로 땅이 메말랐고, 가뭄까지 겹치면서 거대한 먼지 폭풍이 일어났어요. 이 때문에 농작물이 다 말라죽고, 수많은 사람들이 집을 떠나 다른 지역으로 이주해야 했지요. 그런 점에서 Dust Bowl은 단순히 '먼지 폭풍'의 뜻뿐만 아니라 경제적 어려움과 환경 재앙, 대규모 이주를 상징하는 역사적 사건으로도 쓰여요.

/ / /

작품에 대하여

이 책의 배경은 1930년대 대공황 시기 먼지 폭풍(Dust Bowl)이 일어나는 오클라호마예요. 열네 살 소녀 빌리 조 켈비는 아버지의 실수로 엄마와 엄마 뱃속의 동생을 잃고 자신도 손에 화상을 입는 사고를 당해요. 이후 아버지는 정신이 나간 사람처럼 지내고, 빌리 또한 고통스럽지만 음악에 위안을 얻으며 조금씩 나아갑니다. 오늘의 문장은 유난히 아프네요. 가난이나 재난이 단지 가난해서 혹은 힘들어서 아픈 것은 아니에요. 일어나지 못할 것 같은 두려움이 더 힘들지요. 어둠 속을 헤매는 이들이 부디 빌리 조 켈비처럼 빛을 찾아내길 바라요.

Day 74

This is how I feel every single day of my life, like I'm falling without a parachute. I mean, I'm not really falling. That's called a metaphor.

_*New Kid* by Jerry Craft

나는 살면서 매일 이렇게 느껴. 마치 낙하산도 없이 떨어지는 것처럼. 그러니까, 진짜로 떨어진다는 소리는 아니야. 이건 비유라고 하는 거야.

_《뉴 키드》, 제리 크래프트

Tip

every single day 매일매일 **fall** 떨어지다 **parachute** 낙하산 **metaphor** 비유

Every single day of my life는 '살면서 하루도 빠지지 않고 매일매일'이라는 뜻이에요. 같은 의미로 쓸 수 있는 표현이 몇 가지 더 있어요. 가장 기본적인 형태는 every day of my life예요. 반복되는 느낌을 강조하고 싶을 때는 day after day라고 하고, 더 힘을 주어 빠짐없이 매일이라는 의미를 표현하고 싶을 때는 each and every day를 쓰면 돼요. 이 외에도 all my life, every day라고 하면 '평생 매일같이'라는 뜻이 돼요. I think about her every single day of my life.(나는 그녀를 살면서 하루도 빠짐없이 생각해.)처럼 써요. He kept practicing day after day.(그는 날마다 연습을 계속했다.)나 She works hard each and every day.(그녀는 하루하루 정말 열심히 일한다.)로 쓸 수도 있어요.

/ / /

작품에 대하여

이 책은 그래픽 노블이에요. 만화의 일종인데, 여러 권으로 이어지지 않고 긴 한 권의 작품으로 끝나는 형식이지요. 뉴베리 역사상 그래픽 노블이 대상을 받은 건 이 작품이 처음이에요. 이 책의 주인공은 열두 살 아프리카계 미국인 소년 조던 뱅크스예요. 조던이 명문 사립학교에 입학하면서 펼쳐지는 이야기를 담고 있지요. 소수 인종으로 은근한 차별을 받고 갈등을 겪으며 우정을 쌓고 성장해가는 내용이에요. 오늘의 문장은 새 학교에 등교하기 전 조던이 느끼는 심정을 표현한 구절로, 혼자 하는 생각이랍니다.

Day 75

When you're face to face with the sea, you find out what kind of boy you are.

_*Sea Change* by Richard Armstrong

바다와 직접 마주하게 되면 네가 어떤 사람인지 알게 돼.

_《*Sea Change*》, 리처드 암스트롱

Tip

face to face 정면으로 마주해서 **sea change** 중대한 변화

Sea change라는 표현은 셰익스피어의 희곡 《*The Tempest*(폭풍)》에서 비롯했어요. 원래는 "바다에서 일어나는 변화"라는 뜻으로, 작품 속에서는 바다에 빠져 죽은 사람이 바다 속에서 완전히 다른 존재로 변한다는 이미지로 사용되었지요. 이후 이 표현은 '큰 변화', '중대한 변화', '근본적인 변화'라는 뜻의 관용어구로 자리 잡았어요. There has been a sea change in people's attitude toward the environment.(환경에 대한 사람들의 태도에 큰 변화가 생겼다.)처럼요

/ / /

작품에 대하여

열여섯 소년 필립이 견습 선원으로 화물선을 타면서 겪는 이야기를 담은 작품이에요. 오늘의 문장은 필립이 배에 막 타서 들은 조언이지요. 안전하고 평온한 상황에서는 나조차 내 모습을 모를 수 있어요. 위기에 처했을 때 그 사람의 진짜 모습이 드러나지요. 옛날에는 정말 어린 나이에도 노동을 하곤 했어요. 거친 바다에서 노동을 하며 다양한 남자들, 그리고 좁은 배에 갇혀 사는 주인공은 힘들었겠지만 이런 조언을 해 줄 어른이 있다는 건 한편으론 행운이라고 할 수 있겠네요.

Day 76

If you do not question, you do not grow. Questions are the only currency in no man's land.

_*Postcards from No Man's Land* by Aidan Chambers

질문하지 않는다면 자라지 못해. 질문이야말로 노 맨스 랜드에서 유일한 화폐니까.

_《노 맨스 랜드》, 에이단 체임버스

Tip

question 질문, 질문하다 **grow** 자라다, 성장하다 **currency** 화폐
no man's land 참호와 참호 사이의 위험 지대

No man's land라는 표현은 참호전을 벌이던 1차 세계대전에서 비롯되었어요. 한쪽 참호와 다른 쪽 참호 사이의 아무도 없는 위험지대를 가리키는 말이었지요. 이후에는 전쟁에서 그런 위험지대를 가리키는 표현이 되었고, 심리적으로 불안하고 위태로운 상태를 가리키는 표현으로도 쓰이게 되었어요.

/ /

작품에 대하여

열일곱 살의 제이콥은 2차 세계대전 중 전사한 할아버지 관련 기념식 참석을 위해 네덜란드를 방문하게 돼요. 그곳에서 할아버지의 무덤도 찾아가지요. 거기서 불치병을 앓고 죽음을 앞둔 헤르트라위라는 할머니를 우연히 만나요. 그녀의 과거도 함께 펼쳐지는데, 헤르트라위는 제이콥의 할아버지와 사랑에 빠졌던 과거가 있어요. 과거의 사랑과 눈앞에 둔 죽음의 의미, 그리고 할아버지에 대한 진실을 보며 삶을 배우는 소년의 이야기랍니다.

Day 77

We are all strangers in this world, trying to find a place where we belong.

_ *The Other Side of Truth* by Beverley Naidoo

우리는 모두 우리가 속한 곳을 찾으려 하는 이 세상의 이방인들이야.

_《들려요? 나이지리아》, 베벌리 나이두

Tip

stranger 이방인, 낯선 이 **belong (to)** ~에 속하다 **the other side** 반대편 **truth** 진실

Strange에는 '이상한'이라는 뜻도 있고, '낯선'이라는 뜻도 있어요. '신기하고 기묘하다'의 의미도 있지요. stranger는 그래서 '이방인'이라는 뜻이 됩니다. odd라는 단어에도 '이상한'의 뜻이 있지만 strange와는 뉘앙스가 약간 달라요. odd는 평소와 무언가 다르거나 기대와 어긋나는 느낌일 때 써요. 예를 들어 an odd habit이라고 하면 '이상한 습관'이지만 약간 특이하거나 별난 느낌에 더 가까워요. 또 odd에는 '홀수의'라는 뜻도 있어요. odd numbers는 '홀수', even numbers는 '짝수'예요. '남는', '여분의'라는 뜻으로도 쓰여요.

/ / /

작품에 대하여

정치적 혼란이 극심한 나이지리아를 탈출해 영국으로 망명한 사이두와 페미 남매의 이야기를 담은 작품이에요. 둘은 보호자 없이 낯선 환경에서 망명 신청자로 살아가야 해요. 오늘의 문장은 남매가 낯선 곳에서 혼란을 겪으며 하는 말이에요. 난민이 아니어도 우리는 어떤 의미에서 모두 이 세상의 이방인이에요. 이번 생은 다 처음이니까요. 낯설지만, 우리 잘해보기로 해요.

Day 78

A good plan isn't one where someone wins, it's where nobody thinks they've lost.

_ *The Amazing Maurice and his Educated Rodents* by Terry Pratchett

좋은 계획은 누군가 이기는 계획이 아니라 아무도 졌다고 생각하지 않는 계획이야.

_《놀라운 모리스와 똑똑한 쥐 일당》, 테리 프래칫

Tip

plan 계획 **win** 이기다 **lost** 진, 패배한 **amazing** 놀라운 **educated** 교육 받은 **rodent** 해충

피리 부는 사람을 piper라고 해요. 피리가 pipe니까요.《피리 부는 사나이》는 온 마을에 들끓는 쥐를 쫓아주면 큰돈을 주겠다던 어른들이 약속을 지키지 않자 피리를 불어 어린이들을 꾀어내 사라지는 사나이의 이야기를 담고 있습니다. 이 책은 그 이야기를 활용한 판타지예요. 이렇게 옛날이야기를 가져다 바꾸어 다시 이야기하니 새롭고 재밌네요.

/ / /

작품에 대하여

말하는 고양이 모리스와 지성을 얻은 쥐떼, 그리고 피리 부는 소년 키스가 등장하는 판타지 소설이에요. 이 셋은 피리를 불어 쥐를 쫓아주는 사기극을 벌이며 여러 마을을 돌아다니지요. 그런데 배드블린츠라는 도시에서는 이 방법이 통하지 않아요. 쥐왕이 인간 쥐잡이들과 손잡고 쥐들을 지배하며 나쁜 짓을 하고 있기 때문이죠. 모리스 일당은 시장의 딸 멀리시아와 힘을 합치고, 결국 악당을 물리칩니다. 오늘의 문장, 함께 생각해봐요. 아무도 지지 않는 사회에 대해서요.

Day 79

People aren't always what they seem. You have to look deeper—to the heart.

_*Ruby Holler* by Sharon Creech

사람들은 늘 보이는 대로가 아니야. 더 깊이 봐야 해. 사람들 마음까지.

_《루비 홀러》, 샤론 크리치

Tip

seem 보이다 **deep** 깊이 **look to** 주의 깊게 바라보다 **heart** 심장, 마음

Look 동사는 '보다' 라는 뜻으로도 쓰이고, '보이다' 의 뜻으로도 쓰여요. You look pretty.(예뻐 보여요.)처럼요 look at(~을 보다)이나 look into(조사하다), look for(찾다), look after(돌보다)처럼 여러 전치사나 부사와 결합하여 다양한 뜻으로 쓰인다는 걸 기억해 두세요.

/ / /

작품에 대하여

위탁 가정을 전전하며 사는 댈러스와 플로리다 말썽쟁이 쌍둥이 남매는 틸러와 세어리 모레이 부부에게 입양돼요. 어른들을 믿지 못하던 남매는 "루비 홀러"라는 마법 같은 계곡에서 부부의 애정으로 점점 마음을 열게 되지요. 오늘의 문장은 이 부부가 쌍둥이에게 하는 말이에요. 사람은 보이는 모습과 진짜 모습이 다를 수 있어요. 하지만 진짜 모습을 보는 건 쉽지 않은 일이에요. 사람을 볼 줄 아는 눈이 하루아침에 생기는 건 아니지만 내가 먼저 겉과 속이 같은 사람이 되려고 노력하다 보면 그런 눈이 생기지 않을까요?

Day 80

Life is a hazard. You can try to prepare, but you'll never be ready for everything.

_*Just in Case* by Meg Rosoff

인생은 위험이다. 준비해보려고 할 수는 있지만 절대 모든 것을 대비할 수는 없다.

_《만약에 말이지》, 맥 로소프

Tip

hazard 위험 **prepare** 준비하다 **ready** 준비된 **just in case** 만일에 대비해서

Prepare는 '준비하다'라는 의미의 동사예요. '무엇을 준비하다'라고 할 때는 prepare A를 쓰고, '무엇에 대비해 준비한다'라고 할 때는 prepare for B를 써요. 그러면 'B를 위해 A를 준비한다'라고 할 때는 prepare A for B라고 쓰면 되겠지요? She prepared dinner.(그녀는 저녁을 준비했다.), She prepared for the exam.(그녀는 시험을 준비했다.), She prepared her notes for the exam.(그녀는 시험에 대비해 노트를 준비했다.)처럼요.

/ / /

작품에 대하여

열다섯 살 소년 데이비드 케이스는 걸음마를 하는 동생이 아파트 창문에서 떨어질 뻔한 사고를 계기로 삶에 큰 불안을 느끼게 돼요. 운명이 쫓아올까 두려운 데이비드는 이름을 '저스틴 케이스(Justin Case)'로 바꾸며 불운을 바꾸기 위해 노력하지요. 하지만 여러 사고와 사건을 겪으며 불행을 완벽하게 대비하는 건 불가능하다는 사실, 불확실한 가능성도 삶의 일부라는 사실을 받아들이게 됩니다. 'Just in Case'라는 책 제목이 'Justin Case'라는 이름이 되는 말장난, 재미있지요?

Day 81

History is written by survivors, not by those who fell.

_*Here Lies Arthur* by Philip Reeve

역사는 쓰러진 자들이 아니라 살아남은 자들이 쓴다.

_《아서왕, 여기 잠들다》, 필립 리브

Tip

history 역사 **survivor** 생존자 **fall** 쓰러지다 **lie** 눕다

승자를 winner라고 해요. 살아남은 자를 승자라고도 하지요. 인생은 생각보다 길어요. 어린 시절 겪은 몇 번의 좌절이나 실패가 인생을 좌우할 수는 없어요. 그러니 길게 보면 살아남은 사람이 항상 승자가 되는 거죠. 영어로는 이렇게 말해요. The one who survives is the winner.

/ / /

작품에 대하여

고대 브리튼 시대를 배경으로 한 역사 판타지 소설이에요. 가족을 잃고 혼자 살아남은 그윈은 이야기꾼이자 마법사인 마르딘을 만나요. 마르딘은 혼란과 전쟁 속에서 평화와 통일을 위해 아서를 영웅으로 만들기로 하고 신화와 전설을 만드는 일을 함께하지요. 오늘의 문장은 역사가 어떻게 쓰이는지를 잘 보여주고 있어요. 역사는 사실(fact)이 아니라 생존자 혹은 승자가 선별한 사실이거나 왜곡된 사실일 수 있어요. 생각해볼 문제라는 생각이 드네요.

Day 82

You can't lock up the soul. It always finds a way to slip the bars.

_*Bog Child* by Siobhan Dowd

영혼을 가둘 순 없어. 영혼은 언제나 철창을 빠져나오는 길을 찾으니까.

_《그래도 죽지마》, 시본 도우드

Tip

lock up 가두다 **soul** 영혼 **slip** 미끄러지다 **bars** 철창 **bog** 늪

Lock은 '잠그다'라는 뜻으로, 부사 up을 쓰면 '가두다'의 의미가 돼요. '사람을 가두다', '어떤 장소를 걸어 잠그다', '귀중품 등을 안전하게 보관하다'의 뜻으로 쓰지요. 갇혔다고 할 때는 수동태로 쓰면 됩니다. 안에 갇힌 걸 locked in이라고 하니 이렇게 쓰면 돼요. He was locked in the warehouse.(그는 창고 안에 갇혔다.) 문이 잠겨서 들어가지 못할 때는 locked out이라고 하는데, 예를 들어 자동으로 잠기는 호텔 객실에 열쇠를 두고 나와 다시 들어가지 못하는 경우에는 이렇게 쓰면 됩니다. I was locked out of my room.

/ / /

작품에 대하여

북아일랜드 독립 운동으로 혼란스럽던 시절, 퍼거스의 형이자 IRA 단원인 조는 이에 연루되어 감옥에 갇혀 있어요. 그 와중에 퍼거스는 산속에서 2천 년 전에 죽은 아이의 미라를 발견하지요. 이 철기 시대의 소녀 멜은 퍼기스의 꿈과 환상에 등장해 자신의 이야기를 들려주고, 현실과 환상의 교차 속에서 퍼거스는 혼란을 겪습니다. 오늘의 문장은 감옥에 갇힌 형 때문에 나온 말이에요. 감옥이 아니더라도 많은 사람들이 현실의 덫에 갇혀 살고 있어요. 몸은 갇혔지만 영혼은 갇히지 않은 사람들은 꿈을 꾸고, 노래를 부르고, 이야기를 나누어요. 우리가 계속 나아가야 하는 이유이기도 해요.

Day 83

You do not write your life with words. You write it with actions. What you think is not important. It is only important what you do.

_*A Monster Calls* by Patrick Ness

인생은 말로 쓰는 게 아냐. 행동으로 쓰는 거야. 생각하는 건 중요하지 않아. 행동하는 게 중요해.

_《몬스터 콜스》, 패트릭 네스

Tip

action 행동 **important** 중요한 **monster** 괴물

'삶을 쓴다' 라는 표현은 매우 문학적이에요. 일상 영어에서는 잘 쓰지 않죠. 우리는 보통 write a letter나 write an essay처럼 구체적인 대상을 두고 '쓴다' 라고 말해요. 하지만 이 외에도 쓸 수 있는 것이 많아요. write a story(이야기를 쓰다), write a poem(시를 쓰다), write a book(책을 쓰다)처럼요. 좀 더 비유적인 표현으로는 write your future(미래를 써내려가다), write your own story(자신의 이야기를 써가다)가 있지요. 모두 '삶을 쓴다' 와 비슷한 뉘앙스를 담고 있는데, 영어에서는 '살아가며 자신의 이야기를 만들어간다' 라는 뜻으로 자연스럽게 쓰이고 있답니다.

/ / /

작품에 대하여

열세 살 코너는 힘들어요. 엄마는 병에 걸려 죽어가고, 학교에서는 아이들이 괴롭히고, 할머니는 잔소리만 하고, 엄마와 이혼한 아빠는 멀기만 하기 때문이죠. 그런 코너는 밤마다 악몽을 꿔요. 집 옆에 있는 오래된 주목나무가 괴물, 즉 몬스터로 변해 나타나는 거죠. 하지만 몬스터가 들려주는 이야기를 듣고 내면의 가장 깊은 두려움을 고백하면서 코너는 드디어 엄마와 작별할 용기를 얻어요. 오늘의 문장은 도망가려는 코너에게 몬스터가 해주는 말이에요. 행동하지 않는 말은 힘이 없어요. 글로 쓰고, 말로 하고, 그리고 그 말을 살아낼 때 말과 글은 삶을 바꾸는 힘을 갖게 되지요.

Day 84

Hope is a strange thing. It creeps in when you're not looking, and vanishes just when you need it most.

_ *The Bunker Diary* by Kevin Brooks

희망은 이상한 거야. 보고 있지 않을 때 슬슬 기어들어오고, 가장 필요로 할 땐 사라지지.

_《벙커 다이어리》, 케빈 브룩스

Tip

hope 희망 **creep** 기어가다 **vanish** 사라지다 **bunker** 방공호, 대피소

'기어다니다' 라는 뜻을 가진 creep은 사실 다양한 동물에 써요. 뱀이나 더미, 애벌레 등이 보통 creep한다고 하죠. crawl에도 '기다' 라는 뜻이 있는데, 애벌레나 거북이, 뱀, 그리고 아기가 기어다닐 때도 써요. slither는 '미끄러지듯 스르륵 기어가다' 라는 뜻이라서 다리 없이 몸통으로 기는 뱀 종류에 주로 쓰고요.

/ / /

작품에 대하여

열여섯 살 소년 라이너스는 거리를 배회하던 중 납치되어 지하 벙커에 갇히고 말아요. 도망치거나 반항할 때마다 처벌을 받으며 사람들의 본성과 희망, 생존의 의미를 묻지요. 오늘의 문장은 라이너스가 탈출의 희망을 품었다가 무산되자 혼자 말하는 부분이에요. 그리스 신화 속 판도라는 절대 열지 말라는 신들의 경고를 무시한 채 상자를 열었고, 그로 인해 온갖 재앙과 고통, 질병, 시기, 증오, 가난, 전쟁이 세상으로 퍼져 나갔어요. 그러나 희망만은 상자 안에 남아 우리를 끝까지 살게 하고 있어요.

Day 85

It was all very well to be ambitious, but ambition should not kill the nice qualities in you.

_*Ballet Shoes* by Noel Streatfeild

야심을 갖는 건 아주 좋았어. 하지만 야심이 네 속의 좋은 자질들을 죽여서는 안 돼.

_《발레 슈즈》, 노엘 스트릿필드

Tip

ambitious 야심이 있는 **ambition** 야심, 야망 **quality** 속성, 자질

여기서 kill은 '죽이다'의 뜻이 아니라 '없애다'의 뜻으로 쓰였어요. kill 동사가 꼭 '죽이다'의 뜻으로 쓰이는 건 아니에요. My leg is killing.[(너무 걸어서) 다리가 너무 아파.]처럼 쓸 수도 있어요. 재밌는 건, 다리는 두 개인데 아프다고 할 땐 단수로 쓴다는 점이에요.

/ / /

작품에 대하여

런던을 배경으로 실비아에게 입양되어 자매가 된 세 명의 소녀, 폴린과 페트로바, 그리고 포지가 각각 배우, 비행기 조종사, 무용수의 꿈을 꾸며 성장해가는 이야기예요. 후원자인 매슈 할아버지가 사라지자 실비아 부인은 하숙생을 받아들이는데, 이 중에는 무용 교사인 테오도 있어요. 오늘의 문장은 실비아와 보모인 나나가 아이들이 성장해가는 모습을 보며 걱정스레 하는 말이에요. 재능이 있다는 건 축복이에요. 하지만 재능을 가졌다는 이유로 다른 걸 소홀히 해서는 안 돼요. 재능을 능가하는 차이는 사회성이나 이타심에서 나온다는 걸 명심하세요.

Day 86

To light a candle is to cast a shadow.

_*A Wizard of Earthsea* by Ursula K. Le Guin

초에 불을 붙이는 건 그림자를 드리우는 일이야.

_《어스시의 마법사》, 어슐러 K. 르 귄

Tip

light 불을 켜다, 불을 붙이다 **candle** 초 **cast** 던지다, 드리우다 **shadow** 그림자

Cast는 '던지다' 라는 뜻인데 꼭 눈에 보이는 것을 던진다고 할 때만 쓰는 건 아니에요. 예를 들어 broadcast는 '방송하다' 의 뜻인데, 이 단어는 'broad(넓게), 전파를 cast(던지다)' 라는 뜻이니까요. 이처럼 cast는 의미가 확장되어 '던지다' 뿐 아니라 '퍼뜨리다', '보내다', '비추다', '배역을 정하다' 등의 의미로도 쓰여요. cast a vote는 '투표하다', cast a shadow는 '그림자를 드리우다', cast a spell은 '주문을 걸다' 라는 뜻이에요.

/ / /

작품에 대하여

이 작품에서 게드라는 마법사는 마법 재능으로 록이라는 마법학교에 입학해요. 하지만 게드는 실수로 금지된 마법을 사용하고, 저승의 그림자(내면의 어둠)를 세상에 불러내면서 이에 쫓기게 돼요. 오늘의 문장은 마법학교의 마스터 핸드가 게드에게 마법의 힘이 가져오는 영향에 대해 가르치는 말이에요. 힘에는 책임과 대가가 따른다는 가르침, 매우 소중해요. 그런데 이 말은 마법에만 해당하지 않아요. 지식도 마찬가지예요. 무언가를 안다는 것에도 책임이 따른답니다.

Day 87

I love you more than there are words or stars. I love you more than there are thoughts and feelings. I love you more than there are seconds or moments gone or to come. I love you.

_ *Checkmate* by Malorie Blackman

너를 세상에 존재하는 말이나 별보다 더 사랑해. 너를 세상에 존재하는 생각과 느낌보다 사랑해. 너를 지나간 순간들 앞으로 올 순간들보다 사랑해. 사랑한다.

_《*Checkmate*》, 맬로리 블랙맨

Tip

thought 사고, 생각 **second** 초 **moment** 순간 **checkmate** (체스 용어) 체크메이트

이미 사라진 것은 gone이라고 해서 go의 과거분사로 표현해요. She's gone. 그래서 이 문장은 '그 여자는 가고 없다', 즉 '이미 떠나버렸다'라는 뜻이 되지요. 반대로 앞으로 올 일에는 to come을 써요. Things to come은 '다가올 일들'이라는 뜻이죠. 흥미롭게도 go는 지나간 것, come은 다가올 것을 나타내기 때문에 둘은 시간의 방향이 반대예요. 그래서 '5분이 남았다', 즉 '앞으로 5분이 남아 있다'라고 할 때는 이렇게 써요. There's five minutes to go. 같은 맥락에서 the best is yet to come이라고 하면 무슨 뜻이 될까요? 맞아요. '최고의 순간은 아직 오지 않았다'가 됩니다.

/ / /

작품에 대하여

이 책은《노츠 앤 크로시즈(*Noughts & Crosses*)》시리즈 중 3권이에요. 흑백 차별의 계급이 바뀐 가상 세계에서 벌어지는 일을 담고 있지요. 흑인인 크로스가 권력 계층이고, 노츠인 백인이 차별을 받는 계층이에요. 이 세상에서 크로스인 세피와 노츠인 칼럼이 사랑에 빠지고, 둘 사이에서 캘리 로즈가 태어나요. 오늘의 문장은 칼럼이 딸에게 남긴 유서의 일부예요. 저항 운동에 가담했다가 사형 선고를 받은 칼럼은 세피에게 딸을 임신했다는 소식을 듣고 남긴 유서지요.

Day 88

Have you ever heard the wonderful silence just before the dawn? Each one is different, you know, and all very beautiful if you listen carefully.

_*The Phantom Tollbooth* by Norton Juster

동이 트기 직전 멋진 침묵을 들어본 적이 있니? 매번 침묵이 달라. 그리고 주의 깊게 듣는다면 모두 아주 아름다워.

_《팬텀 톨부스》, 노던 저스터

Tip

silence 침묵 **dawn** 새벽, 먼동 **carefully** 주의 깊게 **phantom** 유령
tollbooth 고속도로 통행료 징수소

Silence는 소리가 없이 조용한 상태예요. 반면에 quietness는 소리가 전혀 없는 게 아니라 잦아들어서 거슬리지 않는 상태가 된 걸 말해요. 조용히 하라고 할 때 "Silence!"라고 하면 한마디도 하지 말라는 강압적인 명령의 의미가 되고, "Be quiet!"라고 하면 다른 사람들에게 방해되지 않게 소리를 낮추라는 뜻이 되지요.

/ / /

작품에 대하여

열한 살 소년 마일로가 작은 전기 자동차를 타고 신비한 톨부스를 통해 판타지 세계 '저 너머의 땅(Lands Beyond)'으로 모험을 떠나는 이야기예요. 마일로는 여기서 사귄 친구와 공주들을 구출하고 현실로 돌아오지요. 오늘의 문장은 판타지 세계에서 소리 보관자(Soundkeeper)가 해주는 말이에요. 행동은 침묵을 소중히 여기는 사람들에게 힘이 되니까요. 고요히 있을 줄 아는 사람이 진지하게 행동할 수 있어요.

Day 89

If you have no intention of loving or being loved, then the whole journey is pointless.

_ *The Miraculous Journey of Edward Tulane* by Kate DiCamillo

사랑하거나 사랑 받을 생각이 없다면, 이 여정 전체는 의미가 없어.

_《에드워드 툴레인의 신기한 여행》, 케이트 디카밀로

Tip

intention 의도 **be loved** 사랑받다 **whole** 전체의 **journey** 여정 **pointless** 의미 없는 **miraculous** 기적 같은, 놀라운

의미를 찾는 여행을 journey라고 해요. 단순히 장소를 옮기는 것이 아닌 내면의 성장과 깨달음이 있는 긴 여정을 뜻하죠. 이 외에도 영어에는 '여행'을 나타내는 말이 많아요. 먼저 trip은 비교적 짧고 구체적인 여행을 말해요. a business trip처럼 일이나 목적이 뚜렷한 경우에 써요. travel은 '이동하다' 또는 '여행하다'라는 일반적인 의미로, 동사로도 많이 쓰지요. voyage는 주로 바다나 우주처럼 먼 거리를 이동하는 긴 항해를 뜻해요. expedition은 탐험이나 연구 같은 목적이 있는 여행을 말합니다.

/ / /

작품에 대하여

자기밖에 모르던 도자기 인형 에드워드는 부잣집 소녀 에빌린의 사랑을 받다가 여행 중 바다에 빠져요. 이후 어부 내외, 할아버지와 손녀, 부랑자들, 가정폭력에 시달리는 브라이스와 병든 여동생 루스, 거리의 공연장 등을 거쳐 골동품 가게 선반에 앉게 되지요. 이때 한 중년 여성이 들어와 딸을 위해 에드워드를 사는데, 그녀는 바로 원래 주인이었던 에빌린이었어요. 오늘의 문장은 골동품 가게 선반 위에서 다른 인형이 에드워드에게 해주는 말이에요. 삶이라는 과정 속에는 사랑이 있어야 한다고 말하고 있죠. 사랑을 주고 사랑을 받는 여정을 멈추지 마세요.

Day 90

People aren't like books. A familiar book is always the same, always comforting and full of the same words and pictures. A familiar person can be new and challenging, no matter how many times you try to read them.

_*A Kind of Spark* by Elle McNicoll

사람은 책과는 달라. 낯익은 책은 항상 똑같지. 언제나 위로가 되고 같은 말과 그림으로 가득 차 있으니까. 하지만 사람은 낯익어도 아무리 여러 번 읽으려고 해도 새롭고 어려워.

_《스파크》, 엘 맥니콜

Tip

familiar 낯익은 **comfort** 위로, 위로하다 **challenging** 어려운

Challenge는 '도전' 혹은 '도전하다'라는 뜻이에요. 힘들고 복잡하지만 그만큼 보람 있고 배울 점이 있다는 의미를 담을 때도 쓰여서 "It's challenging."이라고 하지요. The project is difficult.(그 프로젝트는 어렵다.) 이 문장은 살짝 부정적으로 느껴질 수 있어요. 하지만 challenging을 쓰면 긍정적인 뉘앙스로 바뀌죠. The project is challenging.(조금 어렵지만 해볼 만하다.) 정리하면 challenging은 '나를 힘들게 하는'이 아닌 '나를 성장시키는'의 느낌으로 이해하면 자연스러워요.

/ / /

작품에 대하여

자폐 스펙트럼을 가진 열한 살 소녀 애디는 학교에서 오해와 따돌림, 그리고 교사의 편견을 겪어요. 하지만 같은 자폐를 가진 언니 키디와 가족들의 응원을 받으며 성장해가지요. 오늘의 문장은 애디가 혼자 하는 생각이에요. 자폐 스펙트럼을 지닌 아이는 사람들의 감정을 읽는 데 어려움을 겪을 수 있어요. 자폐는 자폐/비자폐로 명확하게 나뉘는 게 아니라 정도의 차이예요. 누구는 더하고 누구는 덜한 신경다양성으로 보아야 하지요.

Day 91

It isn't the great big pleasures that count the most; it's making a great deal out of the little ones.

_*Daddy-Long-Legs* by Jean Webster

정말 중요한 건 크고 거창한 기쁨들이 아니에요. 작은 기쁨들을 크게 느끼는 거예요.

_《키다리 아저씨》, 진 웹스터

Tip

pleasure 기쁨 **count** 중요하다 **make a great deal of** ~를 중요하게 여기다

Make a great deal of는 문맥에 따라 다양한 뜻으로 쓰여요. 실제 대화에서는 big deal이라는 표현을 많이 쓰는데, '대단한 일'이라는 뜻도 되고 '그게 뭐 대수라고'의 의미를 담은 냉소적인 뜻이 되기도 하지요. 그래서 무언가를 great deal of한다는 건 '중요하게 여기다'의 뜻보다 '무언가를 대단하게 여기며 호들갑 떤다'의 의미가 더 정확해요.

/ / /

작품에 대하여

고아 소녀 주디가 부유한 키다리 아저씨의 후원을 받아 여대에 진학하면서 이 후원자에게 보내는 편지로 구성된 작품이에요. 대학에 진학해서 느끼는 기쁨을 편지로 써서 보내면서 주디는 작은 것이 소중하다는 말을 해요. 1912년에 나온 작품으로, 고아 소녀가 신데렐라가 되는 흔하디흔한 스토리임에도 삶을 바라보는 주인공의 태도는 배울 점이 많아요. 행복은 저 멀리에 있는 게 아니라 지금 여기 있는 작은 것들을 소중하게 여길 때 느낄 수 있다는 진리는 변하지 않습니다.

Day 92

It's like I live in a cage with no door and no key. And I have no way to tell someone how to get me out.

_*Out of My Mind* by Sharon M. Draper

나는 문도 열쇠도 없는 우리에 사는 것 같아요. 그리고 나를 어떻게 꺼낼지 누구에게도 말할 방법이 없어요.

_《안녕, 내 뻬끔거리는 단어들》, 샤론 M. 드레이퍼

Tip

cage 우리 **get out** 나가다 **mind** 정신

Get out은 '나가다' 라는 뜻이에요. 누군가에게 "나가!" 라고 할 때 이 표현을 명령문으로 쓰면 돼요. get someone out은 '누군가를 나가게 하다' 혹은 '구해내다' 의 뜻이에요. Get me out!(날 나가게 해줘!) 여기서 나가게 해달라고 할 때는 연결사 of를 쓰면 돼요. Get me out of here.

/ / /

작품에 대하여

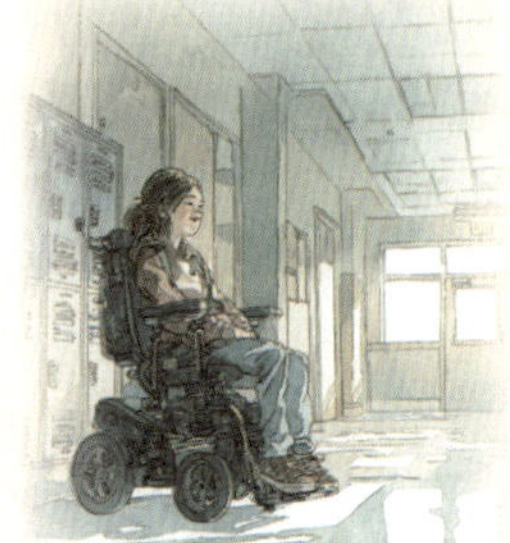

이 책은 뇌성마비로 몸을 자유롭게 움직일 수도, 말도 할 수 없는 열두 살 소녀 멜로디가 1인칭 시점에서 쓴 소설이에요. 멜로디는 뛰어난 기억력과 지능, 감수성을 가지고 있지만 사람들은 이를 잘 몰라요. 그러다 '메디토커'라는 기계의 도움으로 멜로디는 마침내 자신의 생각을 표현할 수 있게 되지요. 오늘의 문장처럼 문도 열쇠도 없는 곳에 갇힌 기분을 생각해 보아요. 우리가 당연하게 누리는 것들이 누군가에게는 기적이고 축복일 수 있다는 사실을 깨닫게 될 것입니다.

Day 93

You can't run away from who you are, but what you can do is run toward who you want to be.

_ *Ghost* by Jason Reynolds

자기 자신으로부터 달아날 수는 없다. 하지만 되고 싶은 자기를 향해 달려가는 일은 할 수 있지.

_《고스트》, 제이슨 레이놀즈

Tip

run away 달아나다 **ghost** 유령

Who you are도 현재의 모습이고, what you are도 한국말로는 현재의 모습이에요. 하지만 뜻은 달라요. who you are는 '너라는 사람의 본질, 인격, 성격, 가치관'을 말해요. 즉 존재의 정체성(identity)을 가리키는 표현이지요. Be proud of who you are.(네 자신을 자랑스럽게 여겨.)처럼 쓸 수 있어요. 반면 what you are는 '지위, 역할, 신분, 상태'에 초점을 둔 말이에요. I am what I am.(나는 나 자신이야.)처럼 쓸 수 있어요. 나는 지금의 모습, 다시 말해 내가 이룬 것 그 자체라는 현실적, 사회적 의미를 담고 있어요.

/ / /

작품에 대하여

아버지의 폭력을 피해 엄마와 함께 도망쳐서 자란 캐슬은 가난해요. 제목이기도 한 고스트(Ghost)는 캐슬의 별명이지요. 그러다 우연히 코치의 눈에 띄어 캐슬은 육상을 시작하게 됩니다. 하지만 친구들에게 놀림과 따돌림을 당하고, 가난한 형편에 운동화를 훔쳤다가 팀에서 쫓겨날 위기에 처합니다. 코치는 캐슬의 힘든 상황을 참작해 다시 기회를 주고 육상에 몰입하게 하지요. 오늘의 문장은 브로디 코치가 캐슬에게 하는 조언입니다. 달리기를 하는 제자에게 달린다는 표현을 써서 적절한 코칭을 해준 셈이지요.

Day 94

Sometimes you have to lie. But to yourself you must always tell the truth.

_*Harriet the Spy* by Louise Fitzhug

때론 거짓말을 해야 해. 하지만 자기 자신에게는 언제나 진실만 말해야 해.

_《탐정 해리엇》, 루이스 피츠허그

Tip

lie 거짓말하다(=tell a lie) **truth** 진실, 진리

영어로 '거짓말하다'는 tell a lie예요. 하지만 '진실을 말하다'는 tell the truth라고 해요. truth 앞에 반드시 the가 붙는다는 것을 기억하세요. 이유는 간단해요. 거짓말(lie)은 다양하게 만들어낼 수 있지만 진실(truth)은 하나뿐이기 때문이죠. 그래서 영어에서도 a lie처럼 셀 수 있는 말에는 관사 a를 쓰지만 truth처럼 유일한 개념에는 the를 붙입니다. 거짓은 여러 형태로 변할 수 있지만 진실은 오직 하나라는 의미가 문법 안에도 담겨 있는 셈이지요.

/ / /

작품에 대하여

주인공 해리엇은 평범하지 않은 열한 살 소녀예요. 해리엇의 탐정 노트에는 친구와 이웃, 그리고 가족과 동네 사람들을 관찰한 이야기가 가감 없이 적혀 있지요. 물론 이 노트는 누구에게도 보여준 적 없는 보물 1호입니다. 그런데 이 노트가 친구들에게 넘어가고, 그 안에 적힌 해리엇의 솔직한 평가에 친구들은 해리엇을 따돌리기 시작합니다. 오늘의 문장은 가정교사인 골리 선생님이 해리엇에게 해준 말이에요. 하얀 거짓말(white lie)이라는 말이 있어요. 때론 하얀 거짓말이 필요해요. 하지만 자기 자신에게는 진실만을 말할 필요가 있어요.

Day 95

If you've ever wondered where your dreams come from when you go to sleep at night, just look around. This is where they are made.

_ *The Invention of Hugo Cabret* by Brian Selznick

밤에 잠자리에 들 때 꿈이 어디서 오는지 궁금하다면 그냥 주위를 둘러봐. 꿈은 거기서 만들어지니까.

_《위고 카브레》, 브라이언 셀즈닉

Tip

wonder 궁금해하다 **go to sleep** 잠자리에 들다 **look around** 둘러보다
invention 발명, 발명품

Wonder는 '궁금해하다', '의아해하다'라는 뜻의 동사예요. 무언가를 알고 싶다고 할 때 I'm wondering으로 말문을 열지요. I'm wondering what time the movie starts.(영화가 몇 시에 시작하는지 궁금해요.)처럼요. 이 표현은 직접적으로 묻는 I want to know보다 훨씬 부드럽고 공손하게 들려요. 그래서 원어민들은 질문할 때 I'm wondering을 자주 써요. I'm wondering if you could help me. 직역하면 "나는 궁금해요."이지만 실제로는 "혹시 ~해주실 수 있나요?"처럼 정중한 부탁의 말투가 돼요.

/ / /

작품에 대하여

기차역 벽 속에 혼자 숨어사는 고아 소년 휴고. 휴고는 아버지의 죽음 이후 시계탑을 관리하며 아버지가 남긴 자동인형을 완성하려고 해요. 그러기 위해 장난감 가게에서 부품을 훔치다 가게 주인인 조르주 할아버지에게 잡히고 말죠. 이후 휴고는 조르주와 그의 손녀 이사벨과 함께 자동인형을 완성하고, 조르주의 비밀도 함께 밝혀냅니다. 오늘의 문장은 조르주 할아버지가 휴고에게 하는 말이에요. 이 책에서는 영화가 만들어지는 곳이 바로 꿈이 만들어지는 곳이라고 말해요. 꿈을 잃지 않는 한, 삶은 언제나 빛난답니다.

Day 96

We all have our la-la-la song. The thing we do when the world isn't singing a nice tune to us. We sing our own nice tune to drown out ugly.

_ *One Crazy Summer* by Rita Williams-Garcia

우리 모두에겐 라라라 노래가 있다. 세상이 우리에게 멋진 곡조를 불러주지 않을 때 우리가 하는 일이지. 우리는 추한 소리를 몰아내려고 자신만의 멋진 곡조를 불러.

_《어느 뜨거웠던 날들》, 리타 윌리엄스-가르시아

Tip

tune 곡조 **drown out** (소리가) 들리지 않게 하다 **ugly** 추한, 추한 것

Tune은 곡조나 음조를 뜻해요. 우리가 hum hum 하며 흥얼거릴 때 바로 이 tune을 흥얼거리는 거예요. 비슷한 단어로 melody가 있는데, 둘은 뉘앙스가 조금 달라요. melody는 음악적으로 구성된 선율, 즉 음의 흐름 자체를 의미해요. 반면 tune은 멜로디보다 더 간단하고 익숙하게 들리는 멜로디를 말할 때 자주 쓰죠. 이를테면 a pop tune이라고 하면 대중가요를 의미하고, a catchy tune이라고 하면 귀에 착 붙는 멜로디를 의미해요. 참고로 in tune은 '음이 맞는'이라는 뜻이고, out of tune은 '음이 맞지 않는'이라는 뜻으로 사람의 노래나 악기의 상태를 표현할 때 자주 써요.

/ / /

작품에 대하여

뉴욕 브루클린에 사는 세 자매 델핀, 보네타, 펀은 7년 전 자유를 찾아 가족을 떠난 엄마를 찾아 캘리포니아로 가요. 그리고 그곳에서 엄마를 만나 한 달간 함께 살게 되지요. 엄마는 흑인 민권단체의 운동가이자 시인으로 살고 있었어요. 엄마와 갈등도 겪지만 공동체를 경험하면서 세 자매는 성장하고, 다시 뉴욕으로 돌아온답니다. 오늘의 문장은 델핀이 엄마 집에서 집안일을 하며 동생들을 챙기며 혼자 하는 생각이에요. 이런 태도는 정말 도움이 돼요. 나만의 라라라 노래를 흥얼거려 보세요.

Day 97

Sometimes I think that the only things that get you through tough times are imagination and humor.

_ *Tales of a Fourth Grade Nothing* by Judy Blume

때때로 힘든 시절을 버티게 해주는 건 상상력과 유머뿐이라고 생각한다.

_《별 볼 일 없는 4학년》, 주디 블룸

Tip

get someone through 견디게 하다, 헤쳐나가게 하다 **times** 시대
imagination 상상, 상상력 **humor** 유머 **tale** 이야기 **grade** 학년

Time은 시간이라는 뜻이지만 times가 되면 '시대', '시절'의 뜻이 돼요. in ancient times는 '고대에', in modern times는 '현대에'라는 뜻이죠. 반면 the time이라고 하면 문맥에 따라 '그때'나 '현재 시각'을 의미할 수 있어요. "What's the time?"이라고 물으면 "지금 몇 시예요?"라는 뜻이 되고, "Do you remember the time we first met?"이라고 하면 "우리 처음 만났던 때 기억나?"라는 뜻이 되지요. 이렇게 time은 단수인지 복수인지 그리고 관사가 있는지 없는지에 따라 '시간', '시대', '그때', '시계'처럼 다양한 의미로 쓰입니다.

/ / /

작품에 대하여

이 책은 열한 살 소년 피터 해처와 피터의 말썽꾸러기 동생 퍼지에 대한 이야기예요. 네 살배기 동생에게 부모님의 관심을 빼앗긴 듯한 심정의 피터가 동생을 챙기고 애정을 확인하며 더 나은 형이 되어 가는 과정을 담았죠. 형제자매 간의 갈등은 매우 흔한 일이에요. 동시에 함께 성장하며 언제 어디서든 힘이 되어주는 것도 형제자매지요. 성장하는 과정에서 많은 일이 일어나겠지만 그때마다 오늘의 문장을 생각해요. 상상력과 유머가 큰 힘이 되어줄 거라는 말을요.

Day 98

Don't be afraid of death; be afraid of an unlived life. You don't have to live forever, you just have to live.

_ *Tuck Everlasting* by Natalie Babbitt

죽음을 두려워하지 마. 살지 못한 삶을 두려워해. 영원히 살 필요는 없어. 그냥 살아야 해.

_《트리갭의 샘물》, 나탈리 배비트

Tip

afraid 두려워하는 **unlived** 살아지지 않은 **everlasting** 영원한

Live는 기본적으로 '살다' 라는 자동사지만 종종 목적어를 취해 '어떤 삶을 살다' 라는 뜻으로도 쓰여요. He lived a short life.(그는 짧은 생을 살았다.)처럼요. 여기서 life는 '삶' 이라는 추상적인 개념이지만 영어에서는 이렇게 구체적인 대상처럼 다뤄요. 그래서 live a life는 단순히 존재하는 게 아닌 어떤 방식으로 삶을 경험하고 살아냈는가를 강조하는 표현이에요. 그래서 오늘의 문장 속 an unlived life는 '살지 못한 삶', '경험되지 못한 삶' 을 뜻해요. 아직 시도하지 못했거나 두려움 때문에 포기한 것들을 포함하는 말이지요. 다시 말해 unlived life는 '살았어야 했는데 살지 못한 부분', 즉 놓쳐버린 기회와 잠재된 가능성을 가리키는 문학적인 표현이에요.

/ / /

작품에 대하여

열 살 소녀 위니 포스터는 숲에 들어갔다가 우연히 한 소년을 만나요. 소년의 이름은 제시 터크로, 소년의 가족은 신비스러운 샘물을 마시고 영원한 삶을 살고 있지요. 이후 위니는 제시의 형 마일스, 어머니 매, 아버지 앵거스까지 만나 친해집니다. 하지만 갑작스레 나타난 노란 양복의 남자가 터크 가족을 위협하고, 위니는 그들을 돕게 돼요. 수십 년이 지나 위니가 살던 집으로 돌아온 제시는 위니가 알면서도 샘물을 마시지 않고 온전히 주어진 삶을 살다 죽었다는 사실을 알게 됩니다. 오늘의 문장은 아버지 앵거스 터크가 위니에게 하는 말이에요. 죽지 않는 사람의 고통을 익히 아는 사람이 진심을 담아 건네는 조언이지요. 영원한 젊음과 생명을 지닌 터크 가족은 과연 행복했을까요?

Day 99

If you make happy those that are near, those that are far will come.

_ *Where the Mountain Meets the Moon* by Grace Lin

가까이 있는 사람들을 행복하게 하면 멀리 있는 사람들이 올 거야.

_《산과 달이 만나는 곳》, 그레이스 린

Tip

happy 행복한 **near** 가까이 **far** 먼, 멀리

Happy의 명사는 happiness예요. -ness를 붙이면 명사형으로 만들 수 있지요. kindness(친절함), sadness(슬픔), darkness(어둠), illness(병듦), weakness(약함) 등처럼요. 이 접미사 -ness는 형용사가 표현하는 성질이나 감정을 '그 자체의 상태'로 바꿔주는 역할을 해요. 예를 들어 kind는 '친절한'이라는 성질이지만 kindness는 '친절함'이라는 개념이 되지요. 이렇게 영어에서는 형용사에 -ness를 붙여 추상적인 성질이나 감정을 명사로 만들어 써요.

/ / /

작품에 대하여

민리는 낮에는 본과 밭에 나가 일을 하고, 저녁이면 아빠에게 신비로운 옛날이야기를 들어요. 아빠가 해주는 이야기를 믿은 민리는 결국 달의 노인을 찾아가 자기 집이 부자가 되는 법을 묻습니다. 오늘의 문장은 달빛 왕국의 황제가 민리에게 해주는 말이에요. 달빛 왕국에 오랫동안 전해져 온 지혜이기도 하지요. 이 말은 거꾸로 하면 멀리 있는 사람을 행복하게 하려면 가까이 있는 사람부터 행복하게 해야 한다는 말입니다. 멀리 있는 사람을 돕기 전에 가까이 있는 사람부터 도와야 한다는 의미로도 해석할 수 있겠죠.

Day 100

When given the choice between being right or being kind, choose kind.

_ *Wonder* by R.J. Palacio

올바른 것과 친절한 것 사이에 선택이 주어졌을 때는 친절함을 택하려.

_《아름다운 아이》, R. J. 팔라시오

Tip

choice 선택 **right** 올바른, 옳은 **wonder** 경이

Right에는 '오른쪽' 이라는 뜻뿐만 아니라 '올바른', '옳은', '맞는' 이라는 뜻도 있어요. 예를 들어 the right answer는 '정답', the right thing to do는 '옳은 일' 이라는 뜻이지요. 또 문맥에 따라 명사로 쓰이면 '권리' 라는 의미가 돼요. human rights는 '인권', the right to vote는 '투표권' 을 뜻해요.

/ / /

작품에 대하여

선천적 안면 기형을 가지고 태어난 어거스트는 스물일곱 번의 수술 끝에 5학년으로 처음 학교에 가게 돼요. 헬멧을 쓰고 말이지요. 예상대로 학교생활은 쉽지 않아요. 괴물, 병균 같은 나쁜 별명으로 불리고 괴롭힘도 겪지요. 하지만 결국엔 친구도 만들고, 가족의 응원과 친구들의 도움으로 헬멧도 벗게 됩니다. 오늘의 문장은 어거스트가 자신의 경험을 돌아보며 하는 생각이에요. 옳은 것이 꼭 좋은 것이 아닐 수 있어요. 어쩌면 정말로 강할 때에만 어떤 상황에서도 친절할 수 있을 거예요. 옳기는 쉬워요. 틀려도 참아주며 친절하기가 훨씬 어렵죠.

Day 101

You have brains in your head. You have feet in your shoes. You can steer yourself any direction you choose. You're on your own.

_*Oh, the Places You'll Go!* by Dr. Seuss

네 머릿속에는 뇌가 있고, 네 신발 속에는 발이 있어. 그러니 네가 원하는 곳은 어디든 갈 수 있어. 너는 혼자야. 알아서 해야 해.

_《*Oh, the Places You'll Go!*》, 닥터 수스

Tip

brain 뇌 **steer** 조종하다 **direction** 방향 **on one's own** 혼자 힘으로, 스스로

요즘 영어에서는 방향을 나타내는 전치사들이 자주 생략되곤 해요. 원래는 '어떤 방향으로'라고 말할 때 in a direction이라고 해야 하는데 any, every, some 같은 관형사가 앞에 오면 in을 생략하는 경우가 많아요. 그래서 in any direction도 맞고 any direction도 맞아요. 같은 원칙이 way에도 적용돼요. 원래는 in a way라고 해야 하지만 any way, some way, this way, that way처럼 관형사가 붙으면 전치사 in을 생략해요. Go any way you like나 Do it this way 같은 표현이 그렇지요. 즉, 관형사가 오는 경우에는 전치사가 생략되지만 일반적인 명사 단독일 때는 여전히 in a direction, in a way처럼 쓰는 게 자연스러워요.

/ /

작품에 대하여

이 책은 닥터 수스의 마지막 책이에요. 오늘의 문장은 이 책에서 몇 번 반복돼요. 혼자 힘으로 미래를 향해 나아가야 하는 어린이들에게 이미 필요한 건 다 갖추고 있으니 씩씩하게 나아가라고 응원하고 있어요. 닥터 수스는 이런 말도 덧붙였어요. Oh, the places you'll go! There is fun to be done! There are points to be scored. There are games to be won. "네가 가게 될 곳은 참 멋져. 누릴 재미가 있고, 딸 점수가 있고, 이길 게임이 있어." 그러니 가 보세요.

Day 102

Life is like a bad haircut. At first it looks awful, then you kind of get used to it, and before you know it, it grows out and you gotta get another haircut that maybe won't be so bad.

_ ***The Schwa Was Here*** **by Neal Shusterman**

인생은 망친 헤어 커트 같아. 처음에는 끔찍해 보이지만, 어쩌다 보면 거기에 익숙해져. 그리고 미처 알아차리기 전에 자라나서 이번에는 그리 나쁘지 않은 헤어 커트를 새로 하게 되지.

_《슈와가 여기 있었다》, 닐 셔스터먼

Tip

haircut 머리 커트 **get a haircut** 머리를 자르다 **awful** 끔찍한
get used to ~에 익숙해지다 **grow out** 자라서 ~에서 벗어나다

Schwa(슈와)는 영어 모음 중 가장 약한 소리로, 강세가 없는 음절에서 주로 쓰여요. 그래서 발음할 때 거의 들리지 않거나 생략되곤 하죠. 눈에 잘 띄지 않고 존재감도 약해 보이지만 사실 영어 발음 체계 안에서 schwa는 정말 중요한 역할을 해요. 문장의 리듬과 자연스러운 억양을 만들어주는 숨은 주역인 거죠. 앤치가 캘빈 슈와를 '약모음 슈와'에 비유한 것도 이런 이유랍니다.

/ / /

작품에 대하여

뉴욕 브루클린에 사는 8학년 학생 앤치. 앤치는 어느 날 아무도 신경 쓰지 않는, 존재감 없는 친구 캘빈 슈와를 알게 돼요. 앤치는 캘빈의 이런 '슈와 효과'를 이용해 장난을 치거나 푼돈을 벌어요. 그러던 어느 날 둘은 크롤리 영감의 집에 몰래 들어갔다가 발각되고, 그 벌로 영감의 개를 산책시키는 일을 하게 돼요. 이 과정에서 시각 장애를 가진 크롤리의 손녀 렉시와도 친해지고, 슈와의 엄마를 찾아 재회를 돕기도 한답니다. 오늘의 문장, 정말 와 닿지 않나요? 머리 한 번 망친 걸로 속상해할 필요가 없어요. 머리카락은 금방 자라니까요.

Day 103

Lots of things are mysteries. But that doesn't mean there isn't an answer to them. It's just that scientists haven't found the answer yet.

_ *The Curious Incident of the Dog in the Night-Time* by Mark Haddon

많은 일들이 미스터리이다. 하지만 그렇다고 해서 거기에 대한 답이 없다는 뜻은 아니다. 이는 단지 과학자들이 그 답을 찾지 못했을 뿐이다.

_《한밤중에 개에게 일어난 의문의 사건》, 마크 해던

Tip

mystery 미스터리, 신비 **answer** 답 **scientist** 과학자 **curious** 궁금한, 호기심 많은

Yet은 다양한 쓰임을 가진 단어예요. 먼저 not ~ yet처럼 부정문에서 쓰이면 '아직' 이라는 뜻의 부사가 돼요. I haven't finished my homework yet.(나는 아직 숙제를 끝내지 않았어요.)처럼요. 등위접속사로도 쓰여서 '하지만', '그러나' 의 뜻도 가져요. beautiful yet selfish라고 하면 "아름답지만 이기적인" 이라는 뜻이 돼요. 여기서 yet은 but과 비슷한 의미지만 좀 더 부드럽고 문어적인 느낌을 줘요. 또 yet은 문장 전체를 연결하는 접속부사로도 쓰입니다. She was young. Yet, she had to marry the old prince.(그녀는 어렸다. 하지만 그 늙은 왕자와 결혼해야 했다.)

/ / /

작품에 대하여

크리스토퍼는 뛰어난 수학 능력과 기억력을 가진 자폐 스펙트럼 소년이에요. 어느 날 이웃집 부인의 개가 정원 도구에 찔려 죽자 크리스토퍼는 셜록 홈스를 흉내 내 범인을 찾기 시작해요. 놀랍게도 자신의 아버지가 죽였다는 사실을 알아내고, 죽은 줄로만 알았던 어머니도 런던에 살아 있다는 사실을 알게 되죠. 그리고 크리스토퍼는 어머니를 만나러 혼자 런던으로 떠납니다. 오늘의 문장은 개를 죽인 범인을 찾는 과정에서 나오는 말이에요. 논리적으로 추측하고 생각하는 훈련은 인생을 사는 데 매우 중요해요. 머리로 생각하며 거리를 둘 때 객관적으로 삶을 볼 수 있거든요.

Day 104

We all have our own scars, some visible, some hidden. But they don't define us.

_*Lucas* by Kevin Brooks

우리는 모두 자기만의 상흔이 있어. 어떤 건 보이지만 어떤 건 숨겨져 있지. 하지만 이 상흔들이 우리를 정의하지 않아.

_《그해 여름 나는 루카스를 만났다》, 케빈 브룩스

Tip

scar 상처, 상흔 **visible** 보이는 **hidden** 숨겨져 있는 **define** 정의하다

Scar는 정확히 말하면 '상처 자국', 즉 다 나은 뒤에 남은 흔적을 말해요. 상처 자체는 wound 또는 injury라고 하지요. He has a scar on his arm.(그의 팔에는 상처 자국이 있다.)나 He got a wound on his arm.(그의 팔에 상처를 입었다.)처럼 써요. 정리하면 scar는 이미 아문 상처의 흔적 또는 과거의 고통이 남긴 표시이고, wound는 아프고 피가 나는 현재의 상처예요. 비유적으로도 wound는 아직 아픈 감정의 상처를 말하고, scar는 시간이 흘러 아물었지만 잊히지 않는 마음의 흔적을 표현할 때 쓰입니다.

/ / /

작품에 대하여

영국 해안가 외딴 섬에 사는 케이티. 케이티는 어느 날 오빠를 마중 나갔다가 신비한 소년 루카스를 만나게 됩니다. 하지만 사람들은 이 소년을 경계하지요. 그러던 어느 날, 루카스는 한 소녀를 구하다가 모함을 당해 성추행과 살인 미수 혐의를 뒤집어쓰게 됩니다. 도망자가 된 루카스를 케이티가 도우려 하지만 힘에 부칩니다. 이후 섬을 떠나려던 루카스는 실종되고 말지요. 오늘의 문장은 루카스를 둘러싼 갈등 속에서 케이티가 혼자 하는 생각이에요. 괴롭고 힘든 상처에서 헤어나지 못하면 그 상처가 나를 정의하게 돼요. 상처는 나의 일부일 뿐 내 전체가 아니라는 점을 받아들여야 할 때도 있어요.

Day 105

Fear is just a cloud passing over your spirit. Soon, the sun will shine again.

_*Chronicles of Ancient Darkness #6: Ghost Hunter* by Michelle Paver

두려움은 우리 정신 위를 지나가는 구름일 뿐이다. 곧 태양이 다시 빛날 것이다.

_《*Chronicles of Ancient Darkness #6: Ghost Hunter*》, 미셸 페이버

Tip

fear 두려움, 공포 **spirit** 정신 **shine** 빛나다 **ghost** 유령 **hunter** 사냥꾼

Spirit은 '정신', '기운'이라는 뜻으로, 눈에 보이지 않지만 사람의 마음과 행동을 움직이는 내적인 에너지를 의미해요. team spirit(팀워크 정신), fighting spirit(투지), school spirit(학교에 대한 자긍심)처럼요. in high spirits라고 하면 '기분이 아주 좋다'라는 의미이고, in low spirits라고 하면 '우울하다'라는 의미예요. 비유적으로 '영혼'이나 '유령'의 뜻으로도 쓰여요. The spirit of my grandmother라고 하면 '할머니의 영혼'이라는 뜻이지요. 정리하면 spirit은 '정신', '기운', '영혼'의 뜻으로 사람의 마음속 생명력과 에너지 전체를 아우른답니다.

/ / /

작품에 대하여

이 책은 6000년 전 북유럽 숲을 배경으로 한 판타지 시리즈 《*Chronicles of Ancient Darkness*》 중 6권이에요. 주인공 토락은 친구 렌, 그리고 늑대 울프와 함께 유령 숲으로 들어가 마지막 적을 추적합니다. 오늘의 문장은 부족의 어른이 토락에게 건네는 조언이에요. 두려움은 인간의 생존 기제예요. 위험을 감지하고, 위험으로부터 스스로를 지킬 수 있게 해주지요. 그렇기 때문에 두려움은 대부분 곧 사라져요. 두려울 땐 이 두려움이 사라지고 괜찮아질 거라고 생각하세요. 그러면 조금 수월하게 두려움을 떨칠 수 있을 거예요.

Day 106

Sometimes we think we should be able to know everything. But we can't. We have to allow ourselves to see what there is to see, and we have to imagine.

_ *Skellig* by David Almond

때때로 우리는 모든 것을 알 수 있을 거라 생각해. 하지만 그럴 수 없단다. 우리는 보이는 것들을 있는 그대로 보고 상상할 줄 알아야 해.

_《스켈리그》, 데이비드 알몬드

Tip

allow 허용하다 **imagine** 상상하다

Should는 보통 '~해야 한다'는 의무나 권유의 뜻으로 쓰이지만 미래에 일어날 가능성이나 확신을 나타내는 말로도 쓰여요. 이럴 때는 '반드시 ~할 것이다', '아마 ~일 것이다'라는 뜻이에요. The train should arrive soon.(기차가 곧 도착할 거예요.)처럼요. 또 You should be fine tomorrow.(내일이면 괜찮을 거예요.)처럼 미래의 긍정적인 예측을 표현할 때도 쓸 수 있어요. 즉 should는 단순한 의무를 넘어서 '그럴 가능성이 높다', '그럴 게 당연하다'라는 부드러운 확신의 뉘앙스를 전할 때 유용해요. 오늘의 문장에서도 이런 의미로 쓰였어요.

/ / /

작품에 대하여

열 살 소년 마이클은 당황스러워요. 갓 태어난 여동생은 심장병으로 생명이 위독하고, 새로 이사 온 집은 여기저기 문제가 많아요. 가족 모두가 불안하고 힘들죠. 어느 날, 마이클은 창고에서 신비한 존재 스켈리그를 발견하고, 그에게 음식과 약을 주며 보살펴요. 이 존재는 인간과 새, 천사의 특징을 모두 갖고 있었죠. 그리고 마이클의 동생이 죽을 위기에 처한 순간 스켈리그가 날아와 동생을 구해요. 이 작품은 가족애와 우정을 낯선 존재에 비추어 잘 보여주고 있어요. 인간은 모든 것을 다 알 수 없어요. 그래서 보이는 것을 있는 그대로 보는 마음이 중요해요. 상상은 우리에게 주어진 날개랍니다. 보고 듣고 읽고 날개를 펼치세요.

Day 107

If you smile for no reason at all you will actually start to feel happy.

_*Liar & Spy* by Rebecca Stead

아무런 이유 없이 그냥 미소 지으면 실제로 행복해지기 시작해.

_《거짓말쟁이와 스파이》, 레베카 스테드

Tip

smile 미소 짓다 **actually** 실제

'그냥' 이라는 말을 영어로 어떻게 옮기냐고 묻는 사람들이 많아요. 이 구절에 나오는 for no reason은 문자 그대로는 '아무 이유 없이' 라는 뜻이에요. 영어에서 '그냥' 의 뜻을 가장 가깝게 표현할 수 있는 말이지요. 하지만 이 표현은 우리말의 '그냥' 이 가진 감정의 여유와 무심함, 그리고 자연스러움을 완전히 담지 못해요. 한국어의 '그냥' 은 이유가 없을 때도 있고, 이유를 굳이 설명하고 싶지 않을 때도 있고, 그저 자연스러운 흐름을 따를 때도 있거든요. 영어에서는 상황에 따라 just, for no reason, simply, because I felt like it 등으로 달리 표현해요. 결국 '그냥' 은 말하는 사람의 마음결과 맥락을 함께 읽어야 제대로 번역할 수 있는, 아주 미묘한 단어예요.

/ / /

작품에 대하여

아버지의 실직 후 뉴욕 브루클린의 아파트로 이사 온 열두 살 소년 조지. 돈을 더 벌기 위해 많은 시간 일을 해야 하는 엄마는 얼굴 보기가 힘들어요. 그러던 어느 날, 조지는 우연한 계기로 스파이 클럽의 일원이 됩니다. 같은 아파트에 사는 세이퍼라는 친구가 만든 비밀 클럽으로, 수상한 이웃을 감시하는 것이 주요 임무죠. 하지만 날이 갈수록 세이퍼의 요구는 많아지고, 학교에서도 친구들에게 따돌림을 당하며 조지는 힘들어져요. 조지는 과연 이 상황을 이겨낼 수 있을까요? 오늘의 문장은 엄마가 조지에게 자주 하는 말이에요. 이런 말을 해주는 엄마가 있으니 조지는 이겨낼 수 있을 거예요.

Day 108

I am not afraid of storms, for I am learning how to sail my ship.

_*Little Women* by Louisa May Alcott

난 폭풍이 두렵지 않아. 내 배를 모는 법을 배우고 있으니까.

_《작은 아씨들》, 루이자 메이 올콧

Tip

storm 폭풍　**sail** 항해하다

Sail은 '항해하다'라는 뜻이에요. 보통 배나 보트를 타고 바다 위를 이동할 때 쓰죠. They sailed across the ocean.(그들은 바다를 건넜다.)처럼요. 하지만 sail은 바람을 받아 나아가는 부드럽고 자유로운 움직임의 의미도 담고 있어요. She sailed through the exam.(그녀는 시험을 아주 수월하게 통과했다.)처럼 비유적으로 쓸 수 있죠. 또 명사로는 돛(sail)이나 항해를 의미해서 raise the sails(돛을 올리다), set sail(항해를 시작하다)로도 자주 쓰여요. 정리하면 sail은 바람, 자유, 그리고 앞으로 나아간다는 이미지를 가진 단어예요.

/ / /

작품에 대하여

19세기 미국을 배경으로 메그, 조, 베스, 에이미 네 자매의 성장을 담은 작품이에요. 자매의 아버지는 남북전쟁에 참전해 집을 비운 상태로, 자매들은 엄마와 어려운 환경에서도 서로 의지하며 살아가요. 오늘의 문장은 막내 에이미가 옆집 부잣집 도련님 로리와 결혼하기 전에 로리에게 하는 말이에요. 마냥 어릴 것만 같았던 에이미가 마치 대고모를 수발하며 성장하고 내면이 단단해진 모습을 보이며 하는 말이에요. 이 말은 폭풍을 겪어본 사람만이 할 수 있는 말이 아닐까 싶어요. 사람은 어려움을 겪으며 성장하니까요.

Day 109

When I dance, my body is full of fire, and I forget everything.

_*Billy Elliot* by Melvin Burgess

춤출 때 내 몸은 불로 가득 차요. 그리고 모든 걸 잊어버려요.

_《빌리 엘리어트》, 멜빈 버지스

Tip

dance 춤, 춤추다 **be full of** ~로 가득 차다

Forget은 '잊어버리다'라는 뜻이지만 "숙제를 깜빡했어요."라고 할 때 forget을 쓰면 어색해요. 영어에서 forget은 '기억 속에서 완전히 잊어버리다'라는 뜻이기 때문이에요. 이 경우에는 forget보다 leave나 not do를 써야 더 자연스러워요. I forgot my homework. 언뜻 보면 '숙제를 안 가져왔어요'처럼 들릴 수 있지만 진짜로 숙제를 하지 않은 상황이라면 이렇게 쓰는 게 맞아요. I didn't do my homework. 또 I left my homework at home이라고 하면 '숙제를 집에 두고 왔어요'라는 뜻이에요. 정리하면 forget은 단순한 '깜빡했다'보다 기억에서 사라진 상태를 말할 때 써요.

/ / /

작품에 대하여

영국 북부 광산촌에 살고 있는 열한 살 소년 빌리의 이야기예요. 광부로 살고 있는 아버지와 형을 둔 빌리는 복싱 수업을 듣다가 우연히 본 발레 수업에 이끌려 발레를 배우게 돼요. 하지만 남자답지 않다는 이유로 가족과 주변 사람들은 반대하지요. 그런 편견을 이겨 내며 발레리노가 되기 위해 노력하는 빌리의 이야기랍니다. 오늘의 문장은 빌리가 발레를 할 때의 느낌을 털어놓는 말이에요. 간절하게 하고 싶은 일이 있다는 건 축복이에요. 부모님이 원하는 대로만 살다가 대학에 입학하거나 사회에 내던져지고 난 뒤 무엇을 해야 할지 몰라 방황하는 것만큼 슬픈 일도 없어요.

Day 110

Today is the tomorrow we worried about yesterday.

_*The Sisterhood of the Traveling Pants* by Ann Brashares

오늘은 우리가 어제 걱정하던 내일이야.

_《청바지 돌려 입기》, 앤 브래셰어즈

Tip

today 오늘 **tomorrow** 내일 **worry about** ~에 대해 걱정하다 **yesterday** 어제

Worry는 '걱정하다'라는 뜻이에요. 마음속으로 어떤 일 또는 누군가가 잘못될까봐 불안할 때 쓰는 말이에요. Don't worry too much.(너무 걱정하지 마.)" 나 I'm worried about you.(네가 걱정돼.) 처럼 써요. 또 worry는 동사뿐 아니라 명사로도 쓸 수 있어요. She has a lot of worries.(그녀는 걱정이 많다.)처럼요. 정리하면 worry는 단순히 생각하는 게 아니라 불안한 마음으로 신경 쓸 때의 감정을 표현하는 단어예요.

/ / /

작품에 대하여

어릴 적부터 단짝 친구였던 네 명의 여고생 카르멘, 레나, 브리짓, 티비. 17년 만에 처음으로 각자 여름방학을 보내게 된 넷은 모두에게 딱 맞는 청바지 한 벌을 일주일씩 돌아가며 입기로 하고 일기도 같이 써요. 이를 통해 네 명 모두 의미 있는 여름을 보내고 더 깊은 우정을 나누게 되지요. 이 책은 각 장마다 좋은 구절이 하나씩 나오는데, 오늘의 문장 역시 그중 하나예요. 내일에 대해 너무 걱정할 필요가 없다는 의미지요. 어제 우리는 오늘을 걱정했지만 지나갔잖아요? 그러니까 너무 오늘을 걱정하며 소중한 시간을 헛되이 보내지 말기로 해요.

Day 111

Nothing is more frightening than a fear you cannot name.

_*Inkheart* by Cornelia Funke

이름을 붙일 수 없는 두려움만큼 무서운 것은 없어.

_《잉크하트》, 코넬리아 푼케

Tip

frightening 무서운 **fear** 두려움 **name** 이름을 붙이다

Name은 명사로는 '이름' 이라는 뜻이지만 동사로 쓰이면 '이름을 붙이다', '~라고 부르다' 라는 뜻이 됩니다. My name is Lily.(내 이름은 릴리야.)나 They named their baby Emma.(그들은 아기에게 엠마라고 이름 붙였다.)처럼 쓰지요. Can you name the capital of France? (프랑스의 수도 이름을 말할 수 있니?)처럼 '이름을 말하다', '지목하다' 의 뜻으로도 쓰여요. 정리하면 name은 '이름' 이라는 대상뿐 아니라 이름을 주는 행위까지 표현할 수 있는 단어예요.

작품에 대하여

책을 소리 내어 읽으면 등장인물을 현실로 불러낼 수 있는 특별한 능력인 실버 통(silver tongue)을 가진 모와 그의 아내인 리사, 그리고 딸인 메기의 이야기를 담고 있어요. 모는 9년 전《잉크하트》라는 소설을 읽다가 어둠의 세력을 불러내게 되고, 아내 리사는 책 속으로 사라져버려요. 모와 메기는 리사를 찾기 위해 이 책을 찾아나섭니다. 오늘의 문장은 메기가 정체를 알 수 없는 위험이 다가오는 것을 느끼며 혼자 하는 생각이에요. 사실 이름을 알면 생각하고 대처할 수 있어요. 외부에서 찾아오는 위험뿐 아니라 내가 느끼는 감정도 그 이름을 알면 갈무리하기가 쉬워져요.

Day 112

When I read a book, I put in all the imagination I can, so that it is almost like writing the book as well as reading it–or rather, it is like living it.

_*I Capture the Castle* by Dodie Smith

난 책을 읽을 때 내 모든 상상력을 쏟아 넣어. 그러면 읽으면서 동시에 그 책을 쓰는 것과 흡사해지지. 아니면 그 책을 살아본다고 해야 할까.

_《성 안의 카산드라》, 도디 스미스

Tip

put in 안에 넣다 **imagination** 상상, 상상력 **as well as** 뿐만 아니라 **rather** 오히려 **capture** 포착하다, 사로잡다 **castle** 성

Live는 두 가지 시제로 쓸 수 있어요. 먼저 현재형이에요. I live with my parents.(나는 부모님과 함께 산다.)처럼 항상 그런 상태나 습관적인 사실을 말할 때 써요. 다음은 현재진행형이에요. I'm living with my cousins.(지금은 사촌들과 함께 살고 있다.)처럼 일시적인 상황을 나타내요. 영어에서는 이렇게 현재형은 '일상적이고 지속적인 상태'를, 현재진행형은 '일시적이고 변화할 수 있는 상태'를 의미해요. 예를 들어 I work in Seoul은 '서울에서 일한다'(직장이 서울)의 의미지만 I'm working in Seoul은 '요즘 서울에서 일하고 있다'(임시 근무 중)의 의미지요. live도 같은 원리로, 영구적인 생활인지 임시적인 상황인지를 구분해 시제를 달리 쓰는 거랍니다.

/ / /

작품에 대하여

열일곱 살 소녀 카산드라는 오래된 성에서 가족들과 가난하게 살고 있어요. 더 이상 글을 쓰지 않는 유명 작가 아버지와 예술가였던 어머니, 아름다운 언니 로즈, 똑똑한 남동생 토마스와 함께요. 그러던 중 성 근처 대저택에 미국인 지주 형제가 이사 오면서 로즈는 사이먼과 사랑에 빠져 약혼하게 돼요. 카산드라 역시 사이먼에게 끌리던 터라 혼자 고민하고 있었는데, 언니 로즈가 다른 남자와 도망쳐 버리는 일이 생기고 말지요. 카산드라는 짝사랑하는 사이먼과 이루어질 수 있을까요?

Day 113

Things change. And friends leave. Life doesn't stop for anybody.

_ *The Perks of Being a Wallflower* by Stephen Chbosky

세상은 변해. 그리고 친구들은 떠나지. 삶은 누구를 위해서도 멈추지 않아.

_《월플라워》, 스티븐 크보스키

Tip

leave 떠나다 **perk** 특전, 혜택 **wallflower** 벽에 핀 꽃, 집단에서 따돌림 당하는 사람

Wallflower라는 단어의 의미를 보니 마음이 아프지요? 모든 사람이 다 외향적이고 사람들과 쉽게 어울리는 건 아니니까요. 어떤 사람들은 party bee로 살면서 사람들 속에서 에너지를 얻고 존재감을 드러내요. 여기서 bee는 '활동적인 사람', '바쁘게 움직이는 사람'이라는 뜻으로, party bee는 '파티에서 활발히 돌아다니며 사람들과 어울리는 사람'을 말하죠. 또 다른 표현으로 wet blanket이나 party pooper가 있어요. 둘 다 '분위기를 깨는 사람', '재미없게 만드는 사람'이라는 뜻이에요. wet blanket은 '젖은 담요'처럼 파티의 열기를 식혀버리는 사람을, party pooper는 말 그대로 '파티에서 신나지 않은 사람'을 말하지요.

/ / /

작품에 대하여

이 책은 찰리라는 열다섯 살 소년이 편지 형식으로 쓴 일기예요. 내성적인 찰리는 어린 시절 친한 친구의 자살과 이모에게 받은 상처 등으로 마음을 굳게 닫고 지내요. 그러던 중 패트릭과 패트릭의 동생 샘을 만나면서 변하고 성장해가지요. 오늘의 문장은 영원히 어린이로 남을 수 없는 우리 모두에게 해당하는 말이에요. 상급 학교로 진학하면 친구들과도 사는 세계가 달라지고 멀어질 수 있어요. 그리고 다른 경험을 하며 또 달라지지요. 마음 아프지만 어쩔 수 없는 일이랍니다.

Day 114

Life is a constant struggle between being an individual and being a member of the community.

_*The Absolutely True Diary of a Part-Time Indian* by Sherman Alexie

삶은 개인이 되는 것과 공동체의 일원인 것 사이의 끊임없는 투쟁이다.

_《짝퉁 인디언의 생짜 일기》, 셔먼 알렉시

Tip

constant 끊임없는 **struggle** 투쟁, 고군분투 **individual** 개인 **community** 공동체
absolutely 절대적으로

Community의 뜻은 공동체로, 가족과 학교, 마을, 국가 모두 공동체입니다. 단순히 사람들이 모여 사는 집단을 넘어 서로 연결되어 있고, 함께 책임지고, 서로의 존재로부터 의미를 얻는 관계망의 의미까지 포함하지요. 그래서 a school community는 학생과 교사, 학부모가 함께 만들어가는 교육 공간을 말하고, a local community는 같은 지역에 사는 사람들이 서로 돕고 살아가는 관계를 뜻해요. 더 넓게는 a global community, 즉 지구 공동체처럼 인류 전체를 하나의 공동체로 바라보기도 하고요. 결국 community는 '함께 살아간다'라는 뜻을 품은 단어예요. 각자 다르지만 서로에게 필요한 존재들이 모여 하나의 '우리'를 이루는 거죠.

/ / /

작품에 대하여

태어날 때부터 특이한 체질과 독특한 외모로 외톨이의 삶을 살고 있는 주니어, 알코올 중독자인 아버지, 주부인 어머니, 아무것도 하지 않는 누나까지. 그런 주니어의 유일한 친구는 로디뿐이지요. 어느 날, 인디언 보호구역에서는 미래가 없다고 느낀 주니어는 백인들이 다니는 고등학교로 전학을 갑니다. 그리고 그곳에서 외로움과 차별을 겪으며 친구들을 사귀어 나가지요. 백인의 세상과 인디언 공동체 사이에서 내면의 분열을 겪는 주니어의 성장담이 이 책의 핵심 내용이랍니다. 성장한다는 건, 가족이라는 공동체에서 벗어나 자신만의 생각과 꿈을 갖는 것이 아닐까요?

Day 115

You can't stop the future. You can't rewind the past. The only way to learn the secret is to press play.

_ *Thirteen Reasons Why* by Jay Asher

미래는 멈출 수 없다. 과거는 되감을 수 없다. 그 비밀을 배우는 유일한 방법은 재생을 누르는 것뿐이다.

_《루머의 루머의 루머》, 제이 아셰르

Tip

rewind 되감기하다 **press** 누르다 **play** 재생 버튼 **reason** 이유

'와인드'로 발음하는 wind에는 '감다', '돌리다'라는 뜻이 있어요. wind the clock은 '시계를 감다', wind the rope around the pole은 '기둥에 밧줄을 감다'라는 뜻이죠. 그리고 앞에 re-(다시)가 붙으면 '되감다', '뒤로 돌리다'라는 뜻이 돼요. 예전에는 비디오테이프나 카세트테이프를 볼 때 테이프를 되감아 달라고 하면서 이렇게 말했어요. "Please rewind the tape." 지금은 비유적으로 시간을 되돌리고 싶다는 의미를 담아 이렇게 씁니다. I wish I could rewind my life.(내 인생을 되감을 수 있다면 좋겠어.) 정리하면 wind는 앞으로 감는 동작이고 rewind는 뒤로 되감는 동작인데, 두 단어는 방향만 반대일 뿐 '시간'과 '움직임'을 다루는 아주 시적인 동사예요.

/ / /

작품에 대하여

클레이는 어느 날 누가 보냈는지 모를 소포 하나를 받아요. 그 안에는 2주 전에 자살한 해나 베이커의 목소리가 담긴 카세트테이프가 들어 있었죠. 사실 클레이는 해나를 짝사랑하고 있었어요. 테이프에는 자신이 자살하는 이유와 거기에 얽힌 사람들의 이야기가 담겨 있었어요. 모두 해나에게 상처를 준 사람들이지요. 이 작품은 누군가에게 상처를 준다는 게 무엇인지, 그리고 남을 배려한다는 게 무엇인지 잘 보여주고 있어요. 오늘의 문장은 오디오 테이프를 재생하고 되감기를 하는 것에 삶을 비유하고 있어요. 이 책의 내용과는 별개로 과거, 현재, 미래를 대하는 우리 태도에도 적용해볼 수 있어요.

Day 116

You can't change how people treat you or what they say about you. All you can do is change how you react to it.

_*Akata Witch* by Nnedi Okorafor

사람들이 너를 대하는 방식이나 너에 대해 하는 말은 바꿀 수 없어. 오로지 거기에 네가 대응하는 방식만 바꿀 수 있어.

_《*Akata Witch*》, 은네디 오코라포르

Tip

treat 대하다, 대접하다 **react** 반응하다 **witch** 마녀

알비노(albino)는 선천적으로 피부, 머리카락, 눈 등에 색소가 거의 없는 사람이나 동물을 말해요. 그런 증상을 알비니즘(albinism)이라고 합니다. 하지만 사람에게 알비노라고 하면 상처 받거나 기분이 상할 수 있어요. 알비노 대신 a person with albinism이라고 하는 게 좋습니다. 동물에게는 그대로 albino rabbit 같은 식으로 말하면 돼요.

/ / /

작품에 대하여

미국에서 태어나 나이지리아에 사는 열두 살 소녀 써니의 성장담을 담은 작품이에요. 알비노인 써니는 아카타(야생동물)라 불리며 왕따를 당하지만 사실은 특이한 마법 능력을 지닌 표범족이지요. 그 덕분에 마법 공동체에서 중요한 역할을 하게 됩니다. 오늘의 문장은 써니의 교사이자 멘토인 아나토브가 써니에게 해주는 조언이에요. 학교에서도, 마법 사회에서도 이방인 취급을 받는 것에 분노하는 써니에게 아나토브가 해준 말입니다. 삶에서 우리가 어찌할 수 있는 건 말과 행동, 그리고 태도뿐이라는 걸 알려주고 있지요.

Day 117

When first love ends, most people eventually know there will be more to come. They are not through with love. Love is not through with them. It will never be the same as the first, but it will be better in different ways.

_*Every Day* by David Levithan

첫사랑이 끝나면, 결국엔 알게 돼요. 앞으로 사랑이 또 찾아올 거라는 걸. 사랑이 당신을 떠난 게 아니고, 당신도 사랑을 끝낸 게 아니에요. 다음 사랑은 처음 사랑 같진 않겠지만 다른 방식으로 더 깊고 따뜻할 거예요.

_《에브리데이》, 데이비드 리바이선

Tip

eventually 결국 **be through** 끝나다

More to come은 '앞으로 올 더 많은 것'으로 직역할 수 있어요. "이게 끝이 아니다", "앞으로도 계속될 것이다", "더 좋은 일들이 남아 있다"라는 긍정적인 여운과 기대감을 담는 말로 쓰이지요. This is just the beginning-there's more to come.(이건 시작일 뿐이에요. 앞으로 더 많은 일이 있을 거예요.)처럼요. 현재 일어난 일 뒤에 더 흥미롭고 의미 있는 일들이 계속 이어질 것을 암시하지요. 비슷한 문장도 기억해 두세요. The best is yet to come.(아직 최고의 순간은 오지 않았다.)

/ / /

작품에 대하여

주인공 A는 매일 같은 나이의 다른 몸에서 깨어나요. 성별도, 인종도, 나이도 다른 몸으로요. 이런 자신의 존재를 숨기며 매일 바뀌는 몸의 주인에 맞춰 살아가고 있죠. 하지만 리애넌에게 끌리는 마음은 변하지 않아요. 결국 리애넌에게 자신의 비밀을 고백하고, 리애넌은 이를 받아들이려고 노력하지요. 이 소설은 사랑은 무엇인지, 정체성은 몸에 한정되는지, 타인의 삶을 존중한다는 것은 어떤 의미인지를 진지하게 묻고 있어요. 오늘의 문장은 주인공의 독백이에요. 여러 사람의 삶을 살며 다양한 사랑을 보며 깨달은 내용이에요.

Day 118

Your voices matter, your dreams matter, your lives matter. Be the roses that grow in the concrete.

_ *The Hate U Give* by Angie Thomas

너희 목소리는 중요해. 너희 꿈도, 너희 삶도 다 중요해. 세상이라는 딱딱한 콘크리트 위에서도 피어나는 장미가 되렴.

_《당신이 남긴 증오》, 앤지 토머스

Tip

matter 중요하다 **concrete** 콘크리트 **hate** 증오, 혐오

이 책의 메시지와 비슷한 문구가 있어요. 바로 래퍼 투팍이 지은 시집 제목이자 시의 제목인 〈Rose That Grew from Concrete(콘크리트에서 자란 장미)〉예요. 냉혹하고 차가운 현실은 콘크리트지만 그럼에도 불구하고 피어나는 장미는 꿈과 희망, 아름다움을 나타내지요.

/ / /

작품에 대하여

이 책은 2018년 코레트 스콧 아너상에 선정된 청소년 소설이에요. 주인공인 열여섯 살 흑인 소녀 스타 카터는 흑인이 대다수인 가난한 동에 가든 하이츠에 살면서 백인이 다니는 부유한 사립학교에 다니고 있어요. 어느 날, 동네 파티에서 어린 시절 친구이자 첫사랑인 칼릴(Khalil)이 백인 경찰의 총에 맞아 사망하는 모습을 보게 됩니다. 이후 정의를 위해 목소리를 내면서 겪는 갈등과 혼란을 그리고 있어요. 오늘의 문장은 책의 마지막 페이지에서 스타가 읊는 내적 독백이자 독자에게 보내는 메시지예요.

Day 119

Sometimes the truth is a speck. A tiny grain that changes everything once you see it clearly.

_ *One Speck of Truth* by Caela Carter

진실은 때때로 티끌만큼 작지. 하지만 그걸 제대로 보기 시작하면 모든 게 변해버려.

_《*One Speck of Truth*》, 카엘라 카터

Tip

speck 점, 티끌 **grain** 곡물의 낟알 **clearly** 분명히, 명확히

Grain은 곡물의 낟알을 나타내요. a grain of rice(쌀 한 톨)처럼 쓰지요. 모래도 입자가 아주 작잖아요. 그래서 모래 입자 하나를 표현할 때는 a grain of sand라고 써요. 소금도 아주 작은 건 세지 못하지만 약간 굵은 입자는 볼 수 있죠? 마찬가지로 a grain of salt라고 해요. 흥미로운 점은 추상명사와 함께 쓰인다는 점이에요. a grain of truth(한 조각의 진실), a grain of kindness(한 조각의 친절)처럼요.

/ / /

작품에 대하여

열두 살 알마(Alma)는 엄마와 둘이 살고 있어요. 엄마 말에 의하면 아빠는 돌아가셨다는데 무덤조차 알지 못해요. 엄마는 대학 시절 포르투갈로 여행을 갔다가 아빠를 만났다고 해요. 알마가 힘들어하자 엄마는 알마를 데리고 포르투갈 리스본으로 향합니다. 그곳에서 실은 아빠가 살아 있다는 사실을 알게 되고, 결국 아빠와 재회하지요. 부모의 비밀과 침묵 속에서 자신의 정체성과 사랑의 의미를 찾아가는 게 이 책의 핵심 내용이에요. 오늘의 문장은 알마가 혼자 하는 생각으로, 진실을 알게 되고 엄마와 화해한 뒤 훌쩍 성장한 모습을 보여주고 있어요.

Day 120

Wherever your heart wants to go, go there and don't look back.

_ ***The Remarkable Journey of Coyote Sunrise*** **by Dan Gemeinhart**

마음이 어디로 가고 싶든 그리로 가. 그리고 돌아보지 마.

_《코요테의 놀라운 여행》, 댄 거마인하트

Tip

heart 심장, 마음 **look back** 돌아보다

Follow your heart! 내면을 들여다보고 진정 원하는 대로 살아가라는 메시지예요. 비슷한 말들이 있어요. Trust your gut.(직감을 믿어.) 이 말은 한국어의 '촉'에 가까운 표현이에요. 촉을 믿고 행동해야 하는 경우에 이 말을 써요. Listen to your inner voice.(내면의 목소리에 귀를 기울여.) 이 말이 Follow your heart와 가장 뜻이 비슷해요. Let your heart guide you.(마음이 너를 이끄는 대로 가.)와 Be true to yourself.(너 사신에게 솔직해져.)도 비슷한 말이에요.

/ / /

작품에 대하여

5년 전 교통사고로 엄마와 두 언니를 잃은 열두 살 소녀 코요테는 아빠 로데오와 함께 개조한 버스를 타고 떠돌이 생활을 하고 있어요. 어느 날, 코요테는 전에 살던 동네의 공원이 사라질 거라는 소식을 듣게 됩니다. 이 공원에는 엄마, 언니들과 함께 묻어둔 추억의 상자가 있지요. 하지만 아빠는 다시는 그곳으로 돌아가지 않겠다고 맹세한 상태예요. 코요테는 몰래 몰래 여정을 고향 쪽으로 이끌고, 결국 고향에 도착해 추억의 상자를 찾아요. 오늘의 문장은 책 앞부분에서 아빠가 코요테에게 해주는 말이에요. 그리고 마지막에 때로는 마음이 가는 곳을 따라가는 일은 돌아가는 것을 의미한다고 코요테가 달라진 모습을 보이지요.

Day 121

When it comes to people, sometimes it's a matter of taste, like these cookies. We like some more than others. That's not bad. It's just human.

_ ***Merci Suárez Changes Gears*** **by Meg Medina**

사람으로 말할 것 같으면, 때론 취향의 문제야. 마치 이 쿠키들처럼 말이지. 어떤 쿠키가 다른 쿠키보다 더 좋잖아. 그건 나쁜 게 아니야. 그냥 인간적인 거야.

_《머시 수아레스, 기어를 바꾸다》, 메그 메디나

Tip

when it comes to ~ ~로 말할 것 같으면 **taste** 취향 **human** 인간적인

Human은 '인간'이라는 뜻의 명사이기도 하지만 '인간적인'이라는 형용사로도 써요. 명사로 쓸 때의 human은 단순히 '사람'이라는 생물학적 의미를 넘어 이 세상에 있는 존재로서의 인간 전체를 가리키지요. Humans are social animals.(인간은 사회적 동물이다.)처럼요. 이때 human은 종으로서의 인간을 담담하게 말하는 느낌이에요. 반면 형용사로 쓰이는 human은 훨씬 더 감정적이고 따뜻한 의미를 품습니다. It's human to make mistakes.(실수하는 건 인간적인 일이야.)처럼 말이지요. 누구나 실수할 수 있다는 공감과 위로의 마음이 담겨 있어요.

/ / /

작품에 대하여

쿠바계 미국인 머시 수아레스는 플로리다에 사는 열두 살 소녀예요. 장학생으로 부자 동네에 있는 학교에 다니며 빈부 차이가 나는 친구들에게 불편함을 느끼고 있지요. 학교의 인기녀인 에드나와 친구 마이클을 두고 신경전을 벌이기도 하고요. 게다가 할아버지가 이상 행동을 보이며 집에도 위기가 찾아와요. 오늘의 문장은 쿠키를 함께 구우며 머시의 엄마가 머시에게 하는 말이에요. 누구를 더 좋아하고 누구를 그만큼 좋아하지 못하는 마음에 죄책감을 느끼는 머시에게 해주는 말이지요.

Day 122

Sometimes the best way to solve a problem is to let it go.

_*Zen Shorts* by Jon J. Muth

때때로 문제를 해결하는 최선의 방법은 놓아버리는 거야.

_《달을 줄걸 그랬어》, 존 J. 무스

Tip

solve 해결하다 **let ~ go** ~를 놓아주다 **zen** 선(禪), 불교의 한 지파

Let something go는 '무언가를 놓아버리다', '놓아주다'라는 뜻이에요. 이 표현은 단순히 손에 쥔 물건을 놓는다는 의미뿐 아니라 마음속 감정과 집착을 내려놓는다는 뜻으로도 쓰이지요. You need to let it go.(이제 그 일은 놓아버려야 해.)나 She finally let her anger go.(그녀는 마침내 분노를 놓아버렸어.)처럼요. 또 let ~ go는 '붙잡고 있는 사람을 놓아준다'라는 뜻으로도 쓰여요. 그래서 누군가가 나를 꽉 잡고 있을 때는 Let me go!(나를 놓아주세요!)라고 하면 돼요. 이렇게 let go는 물리적인 '놓아주다'와 감정적인 '놓아버리다'의 두 가지 의미를 모두 담고 있어요.

/ / /

작품에 대하여

세 남매 마이클, 애디, 칼 삼남매가 어느 날 갑자기 마당에 나타난 판다 '고요한 물'에게 듣는 세 편의 이야기를 담았어요. 오늘의 문장은 칼이 들은 〈무거운 짐〉에 나오는 내용이에요. 두 승려가 길을 가던 중 강을 건너며 한 승려가 여인을 업어서 강을 건널 수 있게 도와줍니다. 승려는 여인을 가까이하면 안 되지요. 이를 여인의 몸에 손을 댄 거라 생각한 제자가 묻습니다. 이에 스승이 답합니다. 진작 놓아버린 여인을 너는 왜 계속 붙들고 있냐고요. 무언가에 집착하는 것의 이면을 보여주는 이야기예요.

Day 123

People aren't either wicked or noble. They're like chef's salads, with good things and bad things chopped and mixed together in a vinaigrette of confusion and conflict.

_*Lemony Snicket's A Series of Unfortunate Events #11: The Grim Grotto*
by Lemony Snicket

사람은 선하거나 고귀한 존재로 딱 구분되지 않아. 사람은 셰프 샐러드 같아서 좋은 점과 나쁜 점이 혼란과 갈등이라는 드레싱 속에 잘게 썰려 섞여 있는 거야.

_《레모니 스니켓의 위험한 대결 11: 으스스한 동굴》, 레모니 스니켓

Tip

wicked 사악한 **noble** 고귀한 **chef** 요리사 **chop** 썰다 **mix** 섞다
vinaigrette 샐러드 드레싱 **confusion** 혼란, 혼돈 **conflict** 갈등

셰프(chef)라는 단어는 프랑스어에서 왔습니다. chef는 본래 chief(수장, 우두머리)에서 유래한 말로 '주방의 책임자'를 의미하고, 전문적이고 예술적인 요리인을 가리킬 때 써요. 반면 cook은 '음식을 만드는 사람'의 뜻으로, 가정 요리사나 조리 담당 급사 정도의 뉘앙스가 강합니다. 정리하면 모든 셰프는 요리사(cook)이지만 모든 요리사가 셰프인 것은 아니에요.

/ / /

작품에 대하여

이 책은 《레모니 스니켓의 위험한 대결(*A Series of Unfortunate Events*)》 시리즈 13권 중 11권이에요. 보들레어가의 삼 남매가 역경을 헤쳐나가는 과정을 담고 있어요. 레모니 스니켓은 다니엘 핸들러(Daniel Handler)의 필명인데, 이 시리즈 안에서 내레이터이자 허구의 인물로 등장해 독자들에게 말을 걸어요. 오늘의 문장은 인간의 본성을 단순히 '선과 악'으로 구분할 수 없다는 의미예요. 선과 악, 이타심과 이기심, 사랑과 두려움이 모두 한 그릇 안에 섞여 있는 것처럼 사람은 여러 성질이 뒤섞인 복잡한 존재라는 의미입니다.

Day 124

Laughter is the best medicine, not just for the body, but for the soul as well.

_*Demon Dentist* by David Walliams

웃음은 최고의 약이야. 몸에만 그런 게 아니라 영혼에도 그래.

_《악마 치과 의사》, 데이비드 월리엄스

Tip

laughter 웃음 **medicine** 약 **soul** 영혼 **demon** 악마 **dentist** 치과의사

Medicine은 병을 치료하거나 예방하기 위한 물질 전반을 말해요. 시럽, 연고, 주사, 알약 등 모든 형태의 치료제를 포함하는 개념적인 '약'이지요. 반면 pill은 작고 둥근 알약 형태의 medicine을 가리켜요. medicine이 '치료의 개념'이라면 pill은 '형태가 있는 구체적 약'이라고 할 수 있죠. 그래서 medicine은 셀 수 없는 명사로, take some medicine(약을 먹다)으로 쓰지만 pill은 셀 수 있으므로 take two pills(알약 두 개를 먹다)라고 씁니다. 정리하면 모든 pill은 medicine이지만 모든 medicine이 pill은 아니에요.

/ / /

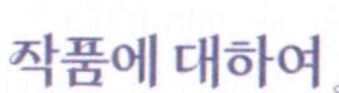

작품에 대하여

영국의 한 작은 마을, 아빠와 함께 살고 있는 소년 알피는 자그마치 6년 동안 치과에 가지 않았어요. 알피의 어머니는 세상을 떠났고, 아버지는 아파요. 그러던 어느 날, 마을에 새로운 치과의사 미스 루트가 오면서 이상한 일이 생기기 시작합니다. 치과 치료를 받은 아이들의 베게 밑에서 거미나 박쥐의 뼈 같은 게 발견된 거죠. 알피는 친구 갭즈와 함께 미스 루트가 사악한 악마라는 사실을 밝혀내고 마을을 구해요. 오늘의 문장은 알피가 혼자 하는 말이에요. 힘든 상황에서 씩씩하게 살아가는 힘이 무엇인지 잘 보여주는 말이지요.

Day 125

I'll fight when needed, revel when there's an occasion, mourn when there is grief and die if my time comes……. But I will not let anyone use me against my will.

_*Inheritance Cycle #1: Eragon* by Christopher Paolini

필요할 땐 싸우고, 기회가 있으면 신나게 즐기고, 슬플 땐 슬퍼하다가, 때가 되면 담담히 죽을 겁니다. 다만 누구도 내 뜻에 반해서 날 이용하도록 두진 않을 거예요.

_《유산1: 에라곤》, 크리스토퍼 파올리니

Tip

fight 싸우다 **revel** 즐기다 **mourn** 애도하다 **grief** 슬픔 **will** 의지

Against는 기본적으로 '~에 반하여', '~에 대항하여' 라는 뜻이지만 문맥에 따라 다양한 의미로 확장됩니다. use me against my will라고 하면 '내 의지에 반해' 라는 뜻입니다. 이 밖에도 against는 '~에 기대어(lean against the wall)', '~을 배경으로(against the blue sky)', '~에 불리하게(The odds were against us)', '~에 대비하여(vaccinated against the flu)' 처럼 '접촉', '대조', '불리한 조건', '예방' 등의 의미로도 쓰입니다. 정리하면 무언가에 맞서거나 마주 서 있는 방향성을 가진 전치사라고 이해하면 자연스러워요.

/ / /

작품에 대하여

《에라곤》은 저자가 열다섯에 집필을 시작하여 열일곱에 자비 출판을 했다가 열아홉에 정식 출판한 판타지 소설이에요. 총 4편으로 된 《유산(*Inheritance Cycle*)》 4부작 중 1권입니다. 본인이 드래곤 라이더인 줄 모른 채 살고 있는 소년. 어느 날 소년은 우연히 드래곤의 알을 줍게 되고, 이 알에서 부화한 용 사피라의 선택을 받아 드래곤 라이더가 됩니다. 이 과정에서 자신의 출생의 비밀을 알게 되고, 독재 세력에 맞서 싸우지요. 오늘의 문장은 에라곤이 바든의 반란군에 합류한 뒤 아지하드와 얘기하는 장면이에요. 함께 싸우되 누군가의 지휘를 받으며 싸우지는 않겠다는 단호함이 담겨 있지요.

Day 126

Life doesn't have to be so planned. Just roll with it and let it happen.

_ *To All the Boys I've Loved Before* by Jenny Han

인생이 꼭 그렇게 계획적일 필요는 없잖아. 그냥 상황에 맞게 흘러가게 두고, 일어나는 일들을 받아들이면 돼.

_《내가 사랑했던 모든 남자들에게》, 제니 한

Tip

planned 계획된 **roll** 굴러가다

Just roll with it은 상황을 억지로 통제하려 하지 말고 있는 그대로 받아들이라는 뜻의 구어체 표현이에요. 직역하면 '그냥 굴러가라' 지만 실제 의미는 "흘러가는 대로 둬라", "상황에 맞게 유연하게 대처해라" 에 가깝죠. 이 표현과 비슷한 관용구로 go with the flow(흐름에 몸을 맡기다), take it easy(편하게 생각해), let it be(그냥 둬라), deal with it(그냥 받아들여라) 등이 있어요. 이 중 deal with it은 좀 더 현실적이고 단호한 느낌을 주고, roll with it은 상대적으로 가볍고 긍정적인 톤이에요. 예기치 못한 순간에도 유연함과 낙천적인 마음을 잃지 말라는 의미죠.

/ / /

작품에 대하여

이 책의 주인공은 한국계 미국인인 열여섯 살 소녀 라라 진이에요. 짝사랑하는 다섯 명의 남학생에게 몰래 써둔 편지가 실수로 각각에게 발송되면서 예상치 못한 일을 겪게 되지요. 게다가 언니의 전 남친인 조시, 그리고 학교 최고 인기남인 피터와 엮이다니……. 오늘의 문장은 라라 진의 언니 마고가 스코틀랜드에 있는 대학에 진학하면서 헤어질 때 동생에게 해주는 말이에요. 맞아요. 아무리 계획을 잘하고 준비를 철저히 해도 인생은 원한 대로 돌아가지 않아요. 그냥 흘러가게 두고 받아들일 필요가 있어요.

Day 127

I wish I could freeze this moment, right here, right now and live in it forever.

_ *The hunger Games: Catching Fire* by Suzanne Collins

이 순간을 얼리고 싶어, 바로 여기, 바로 지금 말이지. 그리고 그 안에서 영원히 살았으면 좋겠어.

_《헝거 게임: 캣칭 파이어》, 수잔 콜린스

Tip

freeze 얼리다, 얼다 **forever** 영원히 **catch fire** 불붙다

Freeze는 기본적으로 '얼다' 또는 '얼리다' 라는 뜻으로 쓰여요. 일상 대화나 영화, 특히 경찰 또는 범죄 관련 장면에서 "꼼짝 마!" 라는 뜻으로 자주 쓰이고요. 동작을 멈추게 하거나 갑작스러운 상황에서 상대방의 움직임을 제지하려는 의도로 사용되죠. 경찰이 범죄자를 향해 "Freeze!"라고 하면 "움식이지 마!", "꼼짝 마!" 의 뜻이에요.

/ / /

작품에 대하여

이 책은《헝거 게임(*The Hunger Games*)》시리즈 중 두 번째 권이에요. 74회 헝거 게임의 우승자인 캣니스와 피타는 75회 스페셜 게임에 다시 불려갑니다. 경기장에서 둘이 잠시 평온한 시간을 누릴 때 피타가 캣니스에게 하는 말이지요. 언제 죽을지 모르는 상황에서 사랑하는 캣니스에게 건네는 피타의 마음이 잘 드러나 있어요. 순간은 언제나 흘러가 버리지요. 아무리 소중하고 아름다운 순간이라도요. 그래서 우리는 소중한 순간을 기억 속에 꼭꼭 새겨두어야 해요. 기억 속에는 영원히 둘 수 있으니까요.

Day 128

You don't get to make me feel like crap anymore just because you hate yourself.

_*Heartstopper* by Alice Oseman

이제 더 이상 네가 자기 자신을 미워한다는 이유로 나까지 기분 나쁘게 만들게 두진 않을 거야.

_《하트스토퍼》, 앨리스 오스먼

Tip

get to ~하게 되다 **crap** 엉터리, 헛소리

Crap은 원래 '배설물'을 뜻하는 속어였어요. 하지만 지금은 일상 영어에서 넓게 활용되며, 문맥에 따라 '형편없는 것', '쓸데없는 말', '엉터리', '헛소리' 등의 의미로 쓰이지요. This movie is crap.(이 영화 완전 형편없어.)나 Don't talk crap.(헛소리하지 마.)처럼요. I feel like crap은 "기분이 최악이야."나 "몸이 너무 안 좋아." 처럼 기분이나 상태가 엉망일 때 쓰는 구어체 표현이에요. 정리하면 crap은 거친 말이지만 f 같은 욕보다는 약하고 짜증이나 실망, 불만을 표현할 때 자주 쓰는 가벼운 비속어예요.

/ / /

작품에 대하여

이미 커밍아웃을 한 찰리는 닉이라는 럭비부원과 친해집니다. 차별과 왕따를 경험한 찰리는 처음에는 닉의 호의를 의심하지요. 하지만 빠르게 가까워지며 둘은 친한 친구가 돼요. 닉은 처음에는 혼란스러워하며 부정하지만 찰리에게 이끌리는 자신의 감정을 인정하고 결국 받아들이게 돼요. 오늘의 문장은 찰리가 부정적인 관계의 친구였던 벤에게 더 이상 끌려다니지 않기로 결심하고 말하는 장면이에요. 미성숙한 사람들은 종종 자신의 문제를 남의 문제로 만들어요. 그런 사람에게는 확실한 선을 그어야 해요. 한편으로는 내가 내 불행을 남에게 던지고 있는 건 아닌지도 생각해보자고요.

Day 129

So stop worrying about the past. The past is for ghosts. We've all done things that we regret. It's what's ahead of us that counts.

_*Lockwood & Co #1: The Screaming Staircase* by Jonathan Stroud

그러니까 과거에 대해 그만 걱정해. 과거는 유령들 몫이야. 우리는 다 후회할 짓을 하고 살아. 중요한 건 우리 앞에 있는 일들이야.

_《록우드 심령회사 1: 울부짖는 계단》, 조나단 스트라우드

Tip

past 과거 **ghost** 유령 **regret** 후회

Head of는 기본적으로 '~의 앞에'라는 뜻으로, behind(뒤에)의 반대말이에요. 이 표현은 단순히 공간상 앞에 있음을 뜻할 수도 있고, 시간적으로 앞서 있음을 나타낼 수도 있어요. She's walking ahead of me.(그녀는 나보다 앞서 걷고 있다.)나 Finish the work ahead of time.(일을 미리 끝내라.) 처럼요. 또한 중요도나 순위에서 앞선 상태를 말할 때도 쓰여요. Our team is ahead of theirs.(우리 팀이 그 팀보다 앞서 있다.) 정리하면 ahead of는 '위치', '시간', '우위'라는 세 가지 관점에서 모두 '앞서는' 것을 표현하는 선치사예요.

/ / /

작품에 대하여

《록우드 심령회사》는 런던을 무대로 한 5권짜리 초자연 미스터리 시리즈예요. 주인공 루시는 런던의 작은 심령 회사 록우드에서 앤서니, 조지와 함께 일하게 돼요. 유령의 소스가 붙어 있는 물건을 찾아내는 임무를 맡아 처리하는데, 이 과정에서 음모에 말리고 위기에 처하기도 한답니다. 오늘의 문장은 1권에 나오는 구절로, 록우드 심령 회사의 리더인 앤서니가 루시에게 하는 말이에요. 루시가 과거의 트라우마로 현재 하는 일을 두려워하자 건네는 말이지요. 지나간 일에 너무 연연하지 않기로 해요. 그건 돌이킬 수 없으니까요.

Day 130

Courage is not the absence of fear but rather the judgement that something is more important than fear; The brave may not live forever but the cautious do not live at all.

_*The Princess Diaries* by Meg Cabot

용기는 두려움이 없는 게 아니야. 단지 그 두려움보다 더 중요한 게 있다고 판단하는 거지. 용감한 사람은 영원히 살지 못하겠지만 조심스럽기만 한 사람은 제대로 살아보지 못해.

_《프린세스 다이어리》, 멕 캐봇

Tip

courage 용기 **absence** 부재 **judgment** 판단 **fear** 두려움 **brave** 용감한 **cautious** 조심스러운

'the +형용사'는 영어에서 '그러한 성질을 가진 사람들'을 뜻하는 복수 보통명사로 쓰여요. the rich는 '부자들', the poor는 '가난한 사람들', the young은 '젊은이들'을 의미하죠. 이 구절에서도 the brave는 '용감한 사람들'을, the cautious는 '조심스러운 사람들'을 의미해요. 정리하면 'the +형용사'는 그 형용사가 나타내는 성질을 가진 사람의 집단을 추상적으로 표현할 때 쓰이며, 항상 복수 취급을 해요.

/ / /

작품에 대하여

평범한 고등학생인 미아가 사실은 유럽의 소국 제노비아의 공주이자 왕위 계승자라는 사실을 알게 되고 후계자 교육을 받으며 벌어지는 우정과 사랑을 그린 작품이에요. 오늘의 문장은 왕대비인 클라리쎄가 미아에게 해주는 말이에요. 새로운 변화를 두려워하는 미아에게 용기를 내라며 건네는 위로이기도 하지요. 미아처럼 우리는 모두 새로운 변화 앞에서 두려움을 느껴요. 그럼에도 불구하고 변화를 받아들이지요. 어떤 선택을 할지는 각자의 선택이에요. 선택의 결과를 감당하고 마음이 이끄는 대로 가기를 바라요.

걷다 보면 행복에 닿게 될거야

초판 1쇄 발행일 2026년 1월 15일

지은이 조이스박
펴낸이 유성권

편집장 윤경선
편집 김효선 조아윤 **홍보** 윤소담 **디자인** 박채원
마케팅 김선우 강성 최성환 박혜민 김현지
제작 장재균 **물류** 김성훈 강동훈

펴낸곳 ㈜이퍼블릭
출판등록 1970년 7월 28일, 제1-170호
주소 서울시 양천구 목동서로 211 범문빌딩 (07995)
대표전화 02-2653-5131 **팩스** 02-2653-2455
메일 loginbook@epublic.co.kr
블로그 blog.naver.com/epubliclogin
홈페이지 www.loginbook.com
인스타그램 @book_login

로그인 은 ㈜이퍼블릭의 어학·자녀교육·실용 브랜드입니다.